令和6年版

公 務 員 白 書

（令和5年度年次報告書）

人 事 院 編

人事院は、国家公務員法第24条の規定に基づいて、毎年、国会と内閣に対して、業務の状況を報告することとされている。

　本書は、令和５年度の人事院の業務状況の報告書である。

は　じ　め　に

　人事院は、公務の民主的かつ能率的な運営を国民に対し保障するという国家公務員法の基本理念の下、人事行政の公正の確保と職員の利益の保護等その使命の達成に努めてきており、人事院勧告制度を始めとする公務員制度は、行政運営の基盤として重要な機能を果たしている。

　令和5年8月の人事院勧告では、社会経済情勢や国際情勢が激変する中、国民の利益を守り世界最高水準の行政サービスを提供し活力ある社会を築くため、行政の経営管理力を高め、公務組織の各層に有為な人材を誘致し、育成することが不可欠であり、そのためにも、異なるバックグラウンド、キャリア意識、人生設計を持つ職員一人一人が躍動でき、Well-beingが実現される公務を目指すことを示した。現在、公務組織を支える人材の確保、職員の成長と組織パフォーマンスの向上、多様なワークスタイル・ライフスタイルの実現とWell-beingの土台となる環境整備について取組を進めている。

　また、国家公務員の人材確保が危機的状況にある中で、優秀な人材を公務に誘致するためには、国家公務員の人事管理について、時代環境に即したものとするだけでなく、新たな時代を見据え、これまでの延長線上ではない、抜本的な構造改革に取り組む必要がある。そこで、公務員人事管理の在り方について聖域を設けることなく骨太かつ課題横断的な議論を行うため、各界有識者による会議（「人事行政諮問会議」）を令和5年9月から開催し、令和6年5月に中間報告をいただいた。

　本年次報告書は、主として令和5年度における人事院の業務の状況をまとめたものであり、第1編は「人事行政」全般について、第2編は「国家公務員倫理審査会の業務」の状況について記述している。このうち第1編は2部からなり、第1部は、令和5年度における人事行政の主な動き並びに人事行政諮問会議の概要及び同会議による中間報告について記述している。次いで第2部では、令和5年度の人事院の業務状況について、各種資料を掲載して記述している。

　本年次報告書により、人事行政及び公務員に対する理解が一層深まることを願うものである。

　なお、人事院は、令和6年1月に、人事院の使命やあるべき姿、人事院職員が働く上での拠り所となる価値観を示す、ミッション・ビジョン・バリューを策定・公表した。今後、人事院職員一人一人がこれを踏まえ、人事行政に関する諸課題の解決に更に取り組んでまいりたい。

目　次

第1編

第1編
第1部

第1編
第2部

第2編

参考資料

はじめに

第1編　人事行政

第1部　人事行政この1年の主な動き

Ⅰ　職員一人一人が躍動でき、Well-beingが実現される公務を目指して

第2編　国家公務員倫理審査会の業務

公務員の種類と数

　公務員の全体像を概観するために、一般職国家公務員のほか、特別職国家公務員や地方公務員を含む公務員全体の種類と数を示せば次のとおりである。

　日本国憲法第15条は「公務員を選定し、及びこれを罷免することは、国民固有の権利である。」（第1項）とし、「すべて公務員は、全体の奉仕者であつて、一部の奉仕者ではない。」（第2項）と定めている。ここにいう「公務員」とは、国会議員、大臣、裁判官を始め立法、行政、司法の各部に属する全ての職員を含み、かつ、地方公共団体についても、長、議長その他の職員の全てを含む概念であり、広く国及び地方の公務に従事する者の全てを指すと解されている。

　公務員は、国の公務に従事する国家公務員と地方の公務に従事する地方公務員に大きく二分される。国家公務員は、一般職と特別職とに大別されるが、後者の特別職国家公務員は、国家公務員法第2条に列挙されており、大まかに分類すれば、政務を担当するもの（内閣総理大臣、国務大臣等）、権力分立の憲法原則に基づき、その人事制度の設計を立法部、司法部に委ねることに合理性があるもの（裁判官及び裁判所職員、国会職員等）、職務の性質上、別個の身分取扱いの基準によることが適当であるもの（防衛省職員）、その他職務の特殊性により、採用試験や身分保障等の一般の公務員に係る原則を適用することが不適当なもの（宮内庁職員、各種審議会委員等）に分けることができる。

　一般職国家公務員には、公務の公正、中立な実施を担保する意味から、成績主義の原則、身分保障、厳正な服務に関する規定等の諸規定が国家公務員法上に定められている。また、その勤務条件の決定という観点からは、労働協約締結権を有する行政執行法人の職員と労働協約締結権を有しない「一般職の職員の給与に関する法律（給与法）」の適用を受ける職員及び検察官（裁判官との処遇均衡を重視して決定）に分類される。

　地方公務員については、国家公務員とほぼ同様の整理がなされているが、国では一般職とされる非常勤の顧問、参与等についても、特別職として整理されているなど、若干の違いがある。

　一般職国家公務員は、郵政民営化、国立大学法人化、非特定独立行政法人化（平成27年4月1日以降は中期目標管理法人及び国立研究開発法人）等により非公務員化が進み、昭和40年代以降80万人を超える水準で推移していたその数は、現在（令和6年度末予算定員）、常勤職員で約29.5万人にまで減少している（次頁（参考）参照）。これに特別職約29.8万人を加えた国家公務員全体では約59.3万人である。また、常勤の国家公務員及び地方公務員の数は約339.9万人である。なお、国家公務員及び地方公務員の種類と数を示せば、次のとおりである（特別職国家公務員及び地方公務員等に関する公務員制度関係法制については、巻末参考資料6参照）。

国家公務員及び地方公務員の種類と数

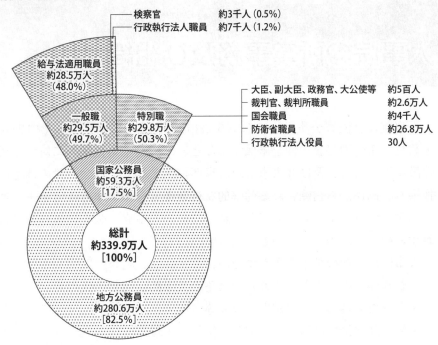

検察官　　　　　　　　　約3千人 (0.5%)
行政執行法人職員　　約7千人 (1.2%)

給与法適用職員
約28.5万人
(48.0%)

大臣、副大臣、政務官、大公使等　約5百人
裁判官、裁判所職員　　　　　　　約2.6万人
国会職員　　　　　　　　　　　　約4千人
防衛省職員　　　　　　　　　　　約26.8万人
行政執行法人役員　　　　　　　　30人

一般職
約29.5万人
(49.7%)

特別職
約29.8万人
(50.3%)

国家公務員
約59.3万人
[17.5%]

総計
約339.9万人
[100%]

地方公務員
約280.6万人
[82.5%]

（注）1　国家公務員の数は、2を除き、令和6年度末予算定員である。
　　　2　行政執行法人の役員数は、「令和5年度独立行政法人等の役員に就いている退職公務員等の状況の公表」における令和5年10月1日
　　　　現在の常勤役員数であり（内閣官房内閣人事局資料）、行政執行法人の職員数は、「令和6年行政執行法人の常勤職員数に関する報
　　　　告」における令和6年1月1日現在の常勤職員数である（総務省資料）。
　　　3　地方公務員の数は、「令和4年4月1日地方公務員給与実態調査結果」における一般職に属する地方公務員数である（総務省資料）。
　　　4　数値は端数処理の関係で合致しない場合がある。
　　　5　このほかに、一般職国家公務員の非常勤職員（行政執行法人の職員等を除く）の数は、「一般職国家公務員在職状況統計表（令和5
　　　　年7月1日現在）」により約15.7万人である（内閣官房内閣人事局資料）。
　　　6　国家公務員の内訳の構成比（　）は、国家公務員約59.3万人を100としたものである。

（参考）一般職国家公務員数の推移

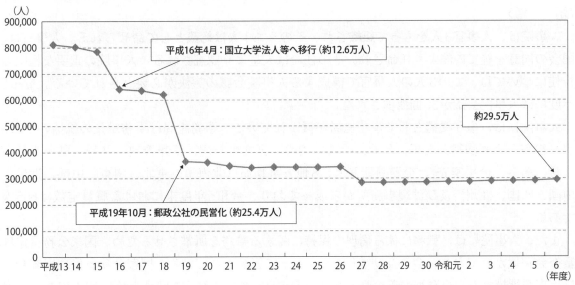

（注）一般職国家公務員数は、行政執行法人（平成27年4月1日前は特定独立行政法人）等を除き、各年度末予算定員である。

人事院の所掌事務及び組織

人事院は、国家公務員法に基づき昭和23年12月に創立された中央人事行政機関であり、①公務員人事管理の公正性を確保すること、②労働基本権制約に対する代償として職員の利益の保護を図ること、及び③人事行政の専門機関として、社会一般の情勢に的確に対応した施策を推進し、国民から信頼される効率的な行政運営を確保することを主な使命としている。このため内閣の所轄の下、他から指揮されることなく中立・公正に職務を執行するとともに、国会に対する勧告も認められている。

人事院は、その役割を果たすため、
・勤務環境の整備などを通じた公務の能率的な運営の確保等
・多様な有為の人材の確保、育成等
・社会経済情勢に適応した適正な給与の実現等
・職員の利益の保護を通じた公正な人事管理の確保
・能力・実績に基づく人事管理の推進
・公務員及び人事行政に対する国民の理解の促進
・職員の職務に係る倫理の保持を通じた国民の信頼の確保
を目標として、時代の要請に応える人事行政の実現に努めている。

〈所掌事務〉

人事院は、国家公務員法、一般職の職員の給与に関する法律その他の法律に基づいて、勤務条件の改善勧告、法令の制定改廃に関する意見の申出、人事行政改善の勧告、採用試験、任免、給与、研修、分限、懲戒、苦情の処理、職務に係る倫理保持等に関する事務を所掌している。

〈組　　織〉

人事院は、人事官3人をもって組織され、そのうち1人は総裁として命ぜられる。人事官は、国会の同意を経て内閣より任命され、その任命は天皇より認証される。人事院の重要な権限の行使については、この3人の人事官で構成する人事院会議の議決が必要とされている。令和5年度には人事院会議が36回開催された。

人事院には、事務機構として事務総局が置かれている。事務総局は事務総長の総括の下に5課（総務、企画法制、人事、会計、国際）、2室（公文書監理、情報管理）、4局（職員福祉、人材、給与、公平審査）、公務員研修所、8地方事務局（北海道、東北、関東、中部、近畿、中国、四国、九州）及び沖縄事務所から成っており、令和5年度末における職員定数は605人である。

また、人事院には、職務に係る倫理の保持に関する事務を所掌させるため、国家公務員倫理審査会が置かれており、会長及び委員4人をもって組織されている。国家公務員倫理審査会には、事務機構として事務局が置かれており、令和5年度末における職員定数は12人である（巻末参考資料3参照）。

MISSION 果たすべき使命

公務員を元気に 国民を幸せに

私たち人事院は、国家公務員が働きがいを持って、いきいきと仕事ができる環境を創り出します。
これを通じて、行政サービスの向上を実現し、国民の幸せを目指します。

人事院　　　公務員　　　国民

VISION 中長期的に目指す将来像

多様な才能が集い磨きあう 活気ある公務へ

多様な人材と才能が集まり、能力を発揮し磨きあう職場―
それは、新たな課題に立ち向かうことができる、活力と創造性の溢れる職場です。
私たち人事院は、皆が働きたいと思う、そんな公務を創り上げていきます。

VALUE 職員共通の価値観

自由に異見を

自由に自らの意見を述べ、
異なる意見にも耳を傾けます。
よりよい施策に向けて柔軟に発想します。

ユーザー視点で

国民を常に意識し、
国家公務員一人一人をはじめ
ユーザーの立場で施策を考えます。

まなざし広く

国内外の様々な場所で様々な仕事をする
国家公務員の実情を知り、
施策に活かします。

プロフェッショナルとして

常に自己研鑽し確かな知の蓄積を背景に、
誠実・公平・客観的に施策を考え、
責任を持って判断します。

失敗恐れず積極果敢に

困難な課題にも挑戦します。
変化を恐れず
自ら積極的に行動を起こします。

引用法令の略称（制定順）

国　公　法	国家公務員法
給　与　法	一般職の職員の給与に関する法律
補　償　法	国家公務員災害補償法
派　遣　法	国際機関等に派遣される一般職の国家公務員の処遇等に関する法律
法　人　格　法	職員団体等に対する法人格の付与に関する法律
育　児　休　業　法	国家公務員の育児休業等に関する法律
勤　務　時　間　法	一般職の職員の勤務時間、休暇等に関する法律
任期付研究員法	一般職の任期付研究員の採用、給与及び勤務時間の特例に関する法律
倫　理　法	国家公務員倫理法
官民人事交流法	国と民間企業との間の人事交流に関する法律
任　期　付　職　員　法	一般職の任期付職員の採用及び給与の特例に関する法律
法科大学院派遣法	法科大学院への裁判官及び検察官その他の一般職の国家公務員の派遣に関する法律
留学費用償還法	国家公務員の留学費用の償還に関する法律
自己啓発等休業法	国家公務員の自己啓発等休業に関する法律
配偶者同行休業法	国家公務員の配偶者同行休業に関する法律
規　　　則	人事院規則
指　　　令	人事院指令

第**1**編

人事行政

第1部　人事行政この1年の主な動き

社会経済情勢や国際情勢が激変する中で、行政には、国民の利益を守り、世界最高水準の行政サービスを提供し、活力ある社会を築く重要な役割を担うことが求められている。国家公務員への国民の期待は非常に大きく、人事院はこれまで以上に、行政を担う公務組織の各層において、有為な人材を誘致し、育成する取組を進める必要がある。

このような重大な使命を果たすため、令和5年の公務員人事管理に関する報告において示された具体的な課題（公務組織を支える多様で有為な人材の確保のための一体的な取組、職員個々の成長を通じた組織パフォーマンスの向上施策、多様なワークスタイル・ライフスタイル実現とWell-beingの土台となる環境整備）に対して重層的に取組を進めており、さらに、新時代にふさわしい公務員人事管理を実現すべく、有識者による人事行政諮問会議を開催し、聖域なく課題横断的に議論を行っている。以下では、人事院がこの1年に取り組んできた主な施策の動きについて紹介する。

なお、人事院は、かねてより人事院の組織の使命やあるべき姿、人事院職員が働く上での拠り所となる価値観、すなわち、ミッション・ビジョン・バリュー（MVV）について、人事院職員の間で検討を重ね、人事院以外の方々からの助言等もいただき、令和6年1月に人事院MVVを策定した。現在、人事院職員一人一人がこのMVVを心に留め、日々の業務に取り組むとともに、公務の人材マネジメントについて、新たな時代を見据え、これまでの延長線上の対応ではない、抜本的なアップグレードに挑戦しているところである。

I　職員一人一人が躍動でき、Well-beingが実現される公務を目指して

第1章　公務員人事管理における主な課題の取組状況

第1節　公務組織を支える多様で有為な人材の確保のための一体的な取組

◉ 民間企業等における多様な経験や高度な専門性を有する人材をより一層公務に誘致し、確保するため、実務の中核を担う人材の積極的誘致に向けた取組、官民人事交流の促進のための発信強化、公務組織への円滑な適応支援（オンボーディング）の充実のための取組を進めた。

◉ 国家公務員の志望者の減少が続く中、「一般職試験（大卒程度試験）における専門試験を課さない新区分の創設」の検討等、令和4年度から取り組んでいる採用試験の改革を引き続き進めた。

◉ 優秀な人材確保に資する採用戦略の検討を行うため、令和5年12月から令和6年3月にかけて、有識者との意見交換を実施した。

◉ 優秀な人材確保に資する処遇を実現するため、給与制度見直しに向けて取組を進めた。

1　民間と公務の知の融合の推進

（1）実務の中核を担う人材の積極的誘致

　　経験者採用試験では従来、府省合同の試験は主に総合職試験（大卒程度試験）採用者等が従事する政策の企画立案等を担う係長級の職員として採用するための試験のみ実施してきた。しかし、各府省における係長級の層の職員が少なくなってきていること及びその候補となる若年層職員の離職者数が増加していることを踏まえ新たに、主に一般職試験（大卒程度試験）採用者等が従事する政策・事業の実施等を担う係長級の職員として民間人材等を採用するための府省合同の試験を創設することを念頭に、各府省に対し、当該試験新設のニーズ等の意見聴取を実施した。また、総務省の要望を踏まえて総務省経験者採用試験（係長級（事務））を令和6年度に実施することなどを内容とする人事院公示の改正を行った。

（2）官民人事交流の促進のための発信強化

　　官民人事交流を更に促進する観点から、官民の人事交流を経験した者及び人事担当者等から意見を聴取するとともに、アンケートを行った。この取組を通じて、官民人事交流を経験した者の成長、交流者を受け入れる職場や復帰後の職場にもたらされる好影響等、官民人事交流を通じて得られる効果や魅力等を把握し、意見聴取の記事やアンケートの結果を官民双方に向けて発信した。このほか、民間情報発信サイトに官民人事交流のバナー広告を掲載するとともに、同サイトの公式メールマガジンで配信するなど、情報発信の強化を図った。

（3）公務組織への円滑な適応支援（オンボーディング）の充実

　　今後ますます民間人材等の採用が増加していくことが見込まれる状況においては、各府省において採用者が職場や業務に早期に適応し、その能力や知見を存分に発揮できるようにするための体制づくりがより重要になる。そのため、各府省の本府省に採用された民間人材等を対象とした実務経験採用者研修の実施回数を毎年度1、2回程度から3回に増やしたほか、地方支分部局で採用された民間人材等のための研修を試行実施した。

　　さらに、各府省における取組を支援するため、民間企業における先進的なオンボーディングのプログラムの内容、作成過程、課題等の内容を含んだ好事例集を作成し、提供した。

2　採用試験の実施方法の見直し

　国家公務員の志望者の減少が続く中、令和4年度から採用試験の改革に取り組んできており、必要な制度改正等を実施してきたところである。

　改革を行った施策については採用試験の応募者数等を踏まえ効果を検証し、さらに、令和4年の公務員人事管理に関する報告で表明した採用試験改革のうち、「一般職試験（大卒程度試験）における専門試験を課さない新区分の創設」等についても、各府省の意見を聞きながら検討を進めた。

3　今後の公務に求められる人材の戦略的確保に向けた取組

（1）優秀な人材確保に資する採用戦略の検討

　　公務における人材確保が危機的な状況にある中、優秀な新規学卒者や民間人材等を獲得するためには、戦略的な人材確保に向けた取組が一層求められている。今後の採用戦略の在り方について多角的な観点から意見を聴取するため、人事行政諮問会議（後記Ⅱ参照）の議論も踏まえつつ、令和5年12月から令和6年3月にかけて、学識経験者、民間企業の

採用担当者や実務研究者等、20名／社の有識者との意見交換を行った。今後、この意見交換の結果等を踏まえつつ、具体的な施策を検討していくこととしている。

（2）人材確保を支える処遇の実現

　　人材確保に当たっては、処遇面の取組も不可欠であり、潜在的な公務志望者層の公務員給与に対する従来のイメージを変えていく必要がある。

　　人事院は、令和5年の公務員人事管理に関する報告において、新卒初任給の引上げ、若手・中堅優秀者の処遇引上げ、民間人材の採用時給与のベース引上げ、採用時からの新幹線通勤・単身赴任に対する手当支給等の措置を検討する方針を示し、令和6年の給与勧告を念頭に、各措置事項の具体化に向けた作業に取り組んでいる。

第2節　職員個々の成長を通じた組織パフォーマンスの向上施策

- ◎　各職員が自身のキャリアを主体的に捉え、自律的に形成していけるようにする取組として、職員を対象としたキャリア支援研修を更に拡充することとした。また、各府省が職員のキャリア支援体制を確立できるよう、民間企業のキャリア形成支援の好事例集を作成し、提供した。
- ◎　職員が自律的・主体的かつ継続的な学び・学び直しを行っていくことができる環境を整備していくため、まずはその一環として、職員が利用できる研修や研修教材、関連制度などを内閣官房内閣人事局と協力して整理・一覧化した。
- ◎　兼業の在り方について検討を進めることとし、内閣官房内閣人事局と連携して各府省へのヒアリング等を実施した。
- ◎　職員の役割・貢献にふさわしい処遇を確保するため、給与制度見直しに向けて取組を進めた。

❶　職員の自律的なキャリア形成・主体的な学びの促進

（1）若手職員を対象とするキャリア支援研修の拡充、マネジメント層のキャリア支援力向上支援

　　若手職員を中心に自身のキャリアに関して主体的・積極的な意識が強くなっている状況においては、これまでの組織主導の人材育成の強化だけではなく、職員個人の主体的な成長を促進するための取組が極めて重要になっている。こうした認識の下、人事院においても、各職員が自身のキャリアを主体的に捉え、自律的に形成していけるようにする取組として、20歳台や30歳台の職員を対象としたキャリア支援研修を更に拡充することとし、地方支分部局に勤務する職員を対象とした研修を新設した。また、キャリア形成支援に向けては、本人だけでなく、それを受け止める組織側においてもマネジメント層を中心にキャリアを支援する体制が必要である。そのため、各府省での支援体制の確立に向け、民間企業のキャリア形成支援のプログラムの内容、作成過程、課題等を含む好事例集を作成し、提供した。

（2）「学びと仕事の好循環」の形成に向けた支援

　　職員個人ごとの成長を促進していくためには、職員が自律的・主体的かつ継続的な学び・学び直しを行っていくことができる環境を整備していく必要もある。そのような認識

の下、まずはその環境づくりの一環として、内閣官房内閣人事局と協力しながら、職員が学びに利用できる研修や研修教材などを整理・一覧化し、各府省へ配布した。

（3）兼業の在り方の検討

職員の健康への配慮のほか、職務専念義務、職務の公正な執行、国民の公務への信頼の確保の必要性を踏まえつつ、職員としての成長や組織のパフォーマンス向上等につながるような兼業の在り方について検討を進めることとし、そのために必要となる現状の運用の把握を行うため、内閣官房内閣人事局と連携し、各府省に対して兼業制度に係るヒアリング等を実施した。

2　個々の力を組織の力へつなげる取組

職員の役割・貢献に応じた処遇等の実現

職員のモチベーション上昇と組織パフォーマンス向上のためには、役割や能力・実績等をより給与に反映し、組織への貢献にふさわしい処遇を確保することが必要である。また、全国各地での行政サービスを維持するため、勤務地を異にする人事配置の円滑化に資するよう給与上も取組が求められている。

人事院は、令和5年の公務員人事管理に関する報告において、役割・貢献に応じた処遇として、係長級から本府省課長補佐級までの俸給額の最低水準の引上げ、本府省課室長級の俸給体系の職責重視型への見直し、管理職員の超過勤務に対する手当支給拡大、最優秀者のボーナスの上限引上げ等の措置を、円滑な配置への対応として、地域手当の大くくり化、新幹線通勤に係る手当額見直し、定年前再任用短時間勤務職員等に支給する手当の拡大等の措置を、それぞれ検討する方針を示し、令和6年の給与勧告を念頭に各措置事項の具体化に向けた作業に取り組んでいる。

第3節　多様なワークスタイル・ライフスタイル実現とWell-beingの土台となる環境整備

- フレックスタイム制の見直し、勤務間のインターバル確保に係る努力義務の導入、夏季休暇の使用可能期間及び年次休暇の使用単位の見直し、テレワークガイドラインの策定等、柔軟な働き方を実装するための制度改革等に取り組んだ。
- ワークスタイル・ライフスタイルが多様化する中で職員の選択を後押しするため、在宅勤務等手当を新設したほか、給与制度見直しに向けて取組を進めた。
- 勤務時間調査・指導室による調査等を通じて、超過勤務の縮減に向けた取組を行った。
- 職員の健康増進を担う各府省の健康管理体制の充実を検討するため、公務における健康管理体制の状況の分析や、民間における健康経営の取組状況等の調査を行った。
- ゼロ・ハラスメントを実現するとの目標を掲げ、幹部・管理職員ハラスメント防止研修の見直し等に取り組んだ。

1　多様なワークスタイル・ライフスタイルを可能とする取組

（1）柔軟な働き方を実装するための制度改革の推進等

学識経験者により構成する「テレワーク等の柔軟な働き方に対応した勤務時間制度等の

在り方に関する研究会」の最終報告（令和5年3月）を踏まえ、同年8月7日、後記第2章第2節1のとおり、フレックスタイム制の見直しに係る勧告を行った。あわせて、順次以下の措置を講じた。

ア　フレックスタイム制の見直し

フレックスタイム制の活用により、週1日を限度に、勤務時間を割り振らない日を設定することができる措置を一般の職員にも拡大するための勤務時間法の改正が行われたことを受けて、具体的な基準及び手続の整備を行ったほか、職員が当日の勤務時間の変更を申告した場合において将来に向かっての勤務時間の割振りを変更すること及び期間業務職員についてフレックスタイム制と同様の勤務時間を定めることを可能とした（令和7年4月1日施行）。

イ　勤務間のインターバルの確保に係る努力義務規定の導入

勤務間のインターバルの確保に係る各省各庁の長の努力義務規定を導入した（令和6年4月1日施行）。また、国家公務員の勤務間のインターバル確保状況の実態や課題の把握等をするための調査・研究事業に着手した。

ウ　夏季休暇の使用可能期間及び年次休暇の使用単位の見直し

業務の都合により7月から9月までの間の夏季休暇使用が困難な職員について、6月から10月までの間で使用できることとしたほか、交替制等勤務職員の年次休暇について、日単位及び時間単位に加え、15分単位でも使用できることとした（令和6年1月1日施行）。

エ　テレワークガイドラインの策定

テレワークを公務職場に更に浸透・定着させていくため、内閣人事局と連携し、テレワークの適正かつ公平な運用を確保するための統一的な基準として、テレワークガイドラインを公表した（令和6年3月8日）。

そのほか、フレックスタイム制や勤務間のインターバル確保に関する周知広報資料の作成など、各府省において制度が円滑に実施できるよう支援を行った。

（2）職員の選択を後押しする給与制度上の措置

働き方のニーズやライフスタイルが多様化する中で、給与制度においても職員の選択を後押しし、様々な形で活躍できるよう必要な措置を講じていくことが必要である。

人事院は、下記（3）のとおりテレワーク関連手当を新設したほか、令和5年の公務員人事管理に関する報告において、扶養手当の見直し、採用時からの新幹線通勤・単身赴任に対する手当支給、新幹線通勤に係る手当額見直し等の措置を検討する方針を示し、令和6年の給与勧告を念頭に、各措置事項の具体化に向けた作業に取り組んでいる。

（3）在宅勤務等手当の新設

新型コロナウイルス感染症の拡大を契機として、官民問わず在宅勤務等の柔軟な働き方が広がってきている中、給与制度についても、こうした社会及び公務の変化に対応し、職員の選択を後押しするよう取り組む必要がある。

人事院は、在宅勤務等を中心とした働き方をする職員の光熱・水道費等の費用負担を軽減するため、当該職員を対象とした在宅勤務等手当を新設することを、令和5年8月7日、国会及び内閣に対し、勧告を行った。

勧告に基づき同年11月に給与法が改正された（令和6年4月1日施行）。

② 職員のWell-beingの土台づくりに資する取組

（1）超過勤務の縮減 ― 負のイメージの払拭に向けて

　　超過勤務縮減の観点から、国会対応業務等の超過勤務への影響や業務量に応じた要員確保の状況等を把握するために、各府省に対して令和4年度に行ったアンケートの結果を踏まえ、関係各方面の御理解と御協力をお願いした。具体的には、国会対応業務に係る各府省アンケートの結果については、人事院総裁が令和5年4月に衆議院議長及び参議院議長を訪問して説明を行い、その後、衆議院議院運営委員会理事会においても説明を行った。また、業務量に応じた要員確保及び人事・給与関係業務に係る各府省アンケートの結果については、人事院総裁が同月に国家公務員制度担当大臣を訪問して、国会対応業務に係る各府省アンケートの結果とともに説明して御協力をお願いした。

　　なお、本件について、同年6月、衆議院議院運営委員会理事会において、質問通告に関する申合せがなされた。

　　また、勤務時間調査・指導室では、令和4年度から各府省を直接訪問して勤務時間の管理等に関する調査を実施し、超過勤務縮減に向け、その基礎となる超過勤務時間の適正な管理やその他の指導・助言等を行っている。令和5年度は、同調査の場において客観的な記録を基礎とした超過勤務時間の適正な管理について指導を行ったほか、他律部署（他律的な業務の比重が高い部署）・特例業務（大規模災害への対処等の重要な業務であって特に緊急に処理することを要する業務）の範囲が必要最小限のものとなるよう指導を行った。

　　このほか、各府省における超過勤務制度の運用状況を聴取する機会を通じて、超過勤務の縮減に向けた取組について御協力をお願いした。

（2）職員の健康増進 ― 公務版の「健康経営」の推進等

　　職員のWell-beingを実現するためには、各自の健康増進が極めて重要であり、公務版の「健康経営」を追求していくことは喫緊の課題である。各府省においては、これまで以上に職員の健康管理施策を推進する必要があり、これを担う健康管理体制の充実が重要となることから、人事院では、各府省における健康管理体制の充実のための官民調査（Well-being調査）を実施した。具体的には、各府省における、健康管理体制の実態等を調査したほか、そこから判明した公務の健康管理体制の状況を踏まえ、計12の民間企業及び地方自治体にヒアリングを実施して、今後の施策検討の参考となる民間における健康経営の取組状況等を調査した。

　　また、公務においては、心の健康の問題による長期病休者数が増加していることも踏まえ、心の健康の問題による長期病休者の再発防止に資する職場復帰支援手法の開発について、検討を始めた。

（3）ゼロ・ハラスメントに向けた取組

　　人事院は、令和5年の公務員人事管理に関する報告において、ゼロ・ハラスメントを実現するとの目標を掲げており、本年度から幹部・管理職員にハラスメント防止対策に関する自身の役割の重要性の理解促進を図る研修を実施するとともに、実務担当者に必要となる行動様式や問題解決のプロセスの理解促進を図る研修を実施した。

　　また、相談担当者をサポートするための専門家による相談窓口の試行やハラスメント相談に係るアンケート調査等を実施した。今後、この結果も踏まえて相談体制の整備に向けて必要な対応を検討していく。

第2章　給与及び勤務時間の改定についての勧告

第1節　適正な公務員給与の確保等

- 令和5年8月7日、国会及び内閣に対し、国公法に定める情勢適応の原則に基づき、公務員の給与水準を民間企業従業員の給与水準と均衡させるため（民間準拠）、月例給及び特別給を引き上げるとともに、在宅勤務等手当を新設すること等を内容とする報告及び勧告を行った。民間における大幅な賃上げを反映して、月例給は過去5年の平均と比べて約10倍のベースアップとなった。
- 内閣は人事院勧告どおり給与改定を行うこと等を閣議決定し、「一般職の職員の給与に関する法律等の一部を改正する法律」（令和5年法律第73号）が制定された。

1　給与に関する勧告・報告

令和5年8月7日、人事院は国会及び内閣に対し、一般職の職員の給与について、月例給及び特別給を引き上げること等を主な内容とする報告及び勧告を行った。

（1）月例給

民間と公務の令和5年4月分給与を調査し、主な給与決定要素を同じくする者同士を比較した結果、国家公務員給与が民間給与を平均3,869円（0.96％）下回っていたことから、民間企業における初任給の動向や公務において人材確保が喫緊の課題であることを踏まえ、初任給を高卒12,000円、大卒11,000円引き上げるなど、初任給を始め若年層に重点を置きつつ、全職員について俸給表の引上げ改定を行った。

> ※　過去5年の官民較差の額及び率の平均は、約360円（約0.1％）。大卒・高卒の初任給をともに10,000円を超えて引き上げるのは、平成2年以来33年ぶり。官民較差の額3,869円は、平成6年の3,975円以来、29年ぶりの水準。官民較差の率0.96％は、平成9年の1.02％以来、26年ぶりの水準。

（2）特別給

直近1年間（令和4年8月～令和5年7月）の民間の支給割合と公務の年間の支給月数を比較した結果、国家公務員の期末手当・勤勉手当の年間の平均支給月数（4.40月）が民間事業所の特別給の支給割合を0.09月分下回っていたことから、支給月数を0.10月分引き上げて4.50月分とし、引上げ分は民間の支給状況等を踏まえ、期末手当・勤勉手当に0.05月分ずつ均等に配分した。

（3）在宅勤務等手当の新設等

前記第1章第3節1（3）のとおり、在宅勤務等を中心とした働き方をする職員については、在宅勤務等に伴う光熱・水道費等の費用負担が特に大きいことを考慮し、その費用負担を軽減するため、当該職員を対象とした在宅勤務等手当（月額3,000円）を新設した。このほか、医師の初任給調整手当や委員、顧問、参与等の手当について所要の改定を行った。また、常勤職員の給与の改定に係る取扱いに準じて非常勤職員の給与を改定するよう努める旨を定めた非常勤職員の給与に関する指針に沿って適切な給与支給がなされるよう各府省を指導することとした。

❷ 給与勧告の取扱い等

　給与関係閣僚会議において検討を行った後、令和5年10月20日、内閣は人事院勧告どおり給与改定を行うことを閣議決定した。国会での審議を経て、給与改定を行うための「一般職の職員の給与に関する法律等の一部を改正する法律」（令和5年法律第73号）が同年11月17日に成立した。同法は同月24日に公布・施行され、俸給表、初任給調整手当及び委員、顧問、参与等に支給される手当に関する改定は同年4月1日に遡及して適用された（令和6年度以降の期末手当・勤勉手当に関する規定及び在宅勤務等手当に関する規定は令和6年4月1日施行）。

第2節　フレックスタイム制の見直し

◉　令和5年8月7日、国会及び内閣に対し、フレックスタイム制の活用により、週1日を限度に勤務時間を割り振らない日を一般の職員にも設定することができるよう勧告を行った。政府は人事院勧告どおりフレックスタイム制の見直しを行うことを閣議決定し、「一般職の職員の給与に関する法律等の一部を改正する法律」（令和5年法律第73号）が制定された。

❶ 勤務時間に関する勧告

　令和5年8月7日、人事院は国会及び内閣に対し、前記第1章第3節1（1）のとおり報告するとともに、勤務時間法を改正し、育児介護等職員に限り可能とされている、フレックスタイム制の活用により、勤務時間の総量を維持した上で、週1日を限度に勤務時間を割り振らない日を設定することができる措置を、一般の職員にも拡大すること及びこの見直しを令和7年4月1日から実施することを勧告した。

❷ 勤務時間勧告の取扱い等

（1）勧告の取扱い

　　政府は、令和5年10月20日の閣議において、人事院勧告どおり、令和7年度からフレックスタイム制の見直しを行うことを決定した。これを受けて勤務時間法改正法案を含む「一般職の職員の給与に関する法律等の一部を改正する法律案」が、同日に閣議決定され、第212回国会に提出された。同法律案は、国会での審議を経て、令和5年11月17日に可決・成立し、同月24日に公布された。フレックスタイム制の見直しに係る規定は、令和7年4月1日施行とされている。

（2）規則の改正等

　　人事院は、前記第1章第3節1（1）アのとおり、フレックスタイム制の勤務時間の割振りの基準等、勤務時間法改正法において規則に委任されている事項等の必要な事項を定めるため、規則15－14（職員の勤務時間、休日及び休暇）を改正する規則等を、令和6年3月29日に公布・発出した（令和7年4月1日施行）。

【コラム】グローバル社会における人事行政分野の取組

国内外の情勢変化が激しく、行政を取り巻く環境が複雑・高度化していく中、行政組織としてその時々の情勢に適切に対応していくためには、常に世界の動向に目を向け、新しい多様な考え方に触れ、柔軟に取り込んでいく国際性と開放性を持つ必要がある。

人事院では、人事行政分野において国際社会に貢献するとともに、我が国の公務員制度が直面する課題に関し、他国の経験や取組から示唆を得ることを目的として国際交流や国際協力事業を展開している。

日本と東南アジア諸国連合（ASEAN）との友好協力関係は、令和5年に50周年を迎えた。この間、人事院においても、ASEAN諸国における公正な公務員制度の構築に向けた各種の協力を行ってきている。加えて、グローバル化やデジタル化の進展により社会が一層複雑化する中にあって、人事行政分野における国際的なネットワークをより強固なものとし、様々な活動を通じて互いに学び合うことが、時代環境に即した公務員人事管理を進めていく上でより重要となっている。

このような背景の下、人事院は、令和5年9月に「The Future of Civil Service」（公務の未来）をテーマとする国際シンポジウムを東京で開催した。同シンポジウムは、人事行政分野におけるASEAN諸国と日本、中国、韓国の三か国との地域協力枠組み（ASEAN+3公務協力会議）に、オーストラリアを加えて実施し、各国の代表者によるプレゼンテーションや意見交換を通して、各国が直面している数々の人事管理上の課題に対応するための専門的知見や好事例の共有を行った。

各国の発表からは、職員のエンゲージメント、Well-being、リーダーシップ開発、デジタル・トランスフォーメーション（DX）など共通のキーワードが挙げられた。また、参加者による議論は大別すると、①職員の意識・満足度の調査をいかに効果的に実施し、エンゲージメントの向上につなげていくか、②若者をいかにして公務に惹きつけ、定着させるか、の二点に集約され、活発な議論が行われた。

今回の国際シンポジウムを通じて、国境を越えたパートナーシップが、各国の課題解決と行政の質の向上に資することが強く示唆された。国際社会においては、ASEAN＋3公務協力会議のほかにも経済協力開発機構（OECD）など人事行政分野における最先端の課題と取組を各国で共有し、議論する場がある。人事院としては、こうした枠組みを有効に活用し、各国の人事行政機関とも連携して、公務員制度の発展と改善に取り組んでいくこととしている。

【コラム】DXを通じた業務の見直し

　人事院は、政府全体で推進している業務見直しの取組の一環として、人事院が所管する制度に関する知識（ナレッジ）を蓄積・活用するためのデータベースである国家公務員制度ナレッジベース（以下「SEDO」という。）を構築し、令和5年11月からは人事院本院と各府省本府省、令和6年4月からは人事院地方事務局（所）と各府省地方機関等における運用を開始した。

　人事院が所管する制度に対する照会の内容は、基本的なものや過去の事例の確認を要するもの等様々であるが、これまで担当別に区々であった照会対応における業務の進め方や記録様式を統一し、照会の受付から回答までの業務をSEDOにより一貫して行えるようにした。今後は、照会に関するデータがSEDOに集約されることにより、情報検索の効率性向上等に基づく回答までの所要時間の短縮や、照会の傾向等から照会対象である制度そのものに対する気付きを得ること等を目指している。

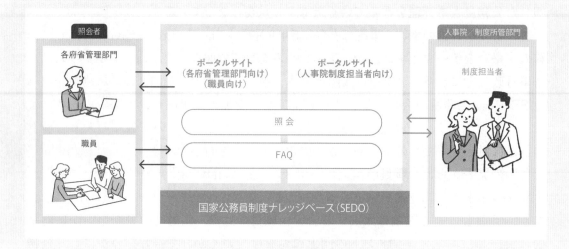

Ⅱ 新時代における公務人材マネジメントの実現に向けて
～人事行政諮問会議～

　デジタル化が進展し、人材戦略の重要性が増大する新たな時代を見据え、優秀な人材を公務に誘致する上で不可欠である人材マネジメントのグランドデザイン構築が急務となっている。また、公務組織が現状のままでは、日本の国力や国際競争力、国際社会における存在感は更に低下してしまうおそれがあり、公務員人事の制度と運用を新たな時代にふさわしいものに変革していくことは、「未来への責任」とも言える。

　人事院は、これまでも、国家公務員採用試験の前倒し、勤務間のインターバル確保の努力義務化、フレックスタイム制を活用した「勤務時間を割り振らない日」の対象職員の拡大等、異なるバックグラウンド、キャリア意識、人生設計を持つ職員一人一人が躍動でき、Well-beingが実現される公務を目指してきた。

　しかし、現在の大きく変容する状況に対応し、公務が直面する国家公務員の志望者数減少、若年層職員の離職率の増加といった人材確保に係る危機的な状況を打破するためには、公務員人事管理全般について更に抜本的な方策を講ずる必要がある。

　そこで、人事院は、令和5年8月の公務員人事管理に関する報告において、公務員人事管理の在り方について、聖域を設けることなく骨太かつ課題横断的な議論を行う各界有識者による会議を開催し、令和6年に最終提言を得ること、その議論・提言を踏まえながら、公務員人事管理について抜本的なアップグレードを実行していくことを示した。

　本稿は、当該有識者会議（「人事行政諮問会議」）における令和5年9月から令和6年4月末までの開催状況や同年5月に取りまとめられた中間報告について報告するものである。

第1章　人事行政諮問会議の開催状況

　人事行政諮問会議は、次の5名の有識者により構成され、令和5年9月から令和6年4月末までの間で、計8回開催された。その開催状況は、後記1～8のとおりである。

	荒木　尚志	東京大学大学院法学政治学研究科教授
	小林　洋子	国立研究開発法人宇宙航空研究開発機構（JAXA）監事　等
【座長代理】	峰岸　真澄	株式会社リクルートホールディングス代表取締役会長 兼取締役会議長
	宮島　香澄	日本テレビ放送網株式会社報道局解説委員
【座　長】	森田　朗	東京大学名誉教授

（五十音順、敬称略）

　なお、各回の議事次第、資料、議事録等については、以下のURL及びQRコードより閲覧可能となっている。

https://www.jinji.go.jp/civilservicehrmadvisoryboard/index.html

1 第1回（令和5年9月25日）

人事行政諮問会議の開催に当たり、森田委員が座長に選出された後、人事院総裁から森田座長に対して以下の内容が諮問された。

公務を取り巻く環境が大きく変化し続け、不確実性を増していく時代にあっては、これまでの延長線上での対応では公務員人事管理の課題に対する解を見いだすことは困難である。また、優秀な人材を公務に誘致するためには、社会情勢の変化やデジタル化が更に進展し、人材戦略の重要性が増大する新たな時代を見据え、国家公務員の在るべき姿などについて明らかにするとともに、人材マネジメントのグランドデザインを構築することが急務となっている。そのためには、公務員人事管理の在り方について、聖域を設けることなく骨太にかつ課題横断的に議論する必要がある。

これを踏まえ、公務人材マネジメントの抜本的なアップグレードを実現し、多様で有為の人材を確保・育成するために、人事行政・人事管理の在り方に関し審議し、提言することを求める。

また、本会議事務局から、公務を取り巻く状況を説明した後、委員から、公務をめぐる諸課題や採用・処遇・働き方といった公務員人事管理に関する問題意識の共有及び意見交換がなされた。

2 第2回（令和5年10月30日）

第1回で各委員から示された課題意識の下、今後の会議において、以下の4つのテーマに分類し議論を深めていくことで一致した。

① 国家公務員の在り方及び国家公務員に対する規律
② 処遇も含めた、戦略的人材確保の在り方
③ 多様な属性の職員が生き生きと働き続けられる環境整備の在り方
④ エンゲージメント向上につながる評価・育成の在り方

続いて、1つ目のテーマである「国家公務員の在り方及び国家公務員に対する規律」について議論が行われた。現在の公務組織において組織マネジメント面に課題が生じていること、経験者採用などによる多様な背景を持つ職員の増加や共働き世帯の増加等、国家公務員の属性が多様化しており、適切なマネジメント行動が必要となること、さらに、複雑・高度な行政課題への対処に当たって職員の自律的な思考や行動を促すことが求められること、といった課題認識を踏まえ、現行の行為規制のみならず、望ましいマネジメント行動も含めた「個々の国家公務員に積極的に期待される行動」の明確化等について、委員間で意見が交わされた。

3 第3回（令和5年12月5日）

2つ目のテーマである「処遇も含めた、戦略的人材確保の在り方」について議論が行われた。試験申込者数が減少傾向に、若年層を中心とした離職率が増加傾向にあり、人材のターゲットごとに課題要因を特定して求める人材を安定的に充足させる方策を講じていくことが急務であること、採用関連制度・運用の改善に加えて、人事制度・運用全体について、人材確保に資するよう総合的な対応を図ることが求められること、といった課題認識を踏まえ、今後どのよう

な能力を有する人材が特に求められるか、その確保・選抜方法、民間企業との採用競合があり人材確保が難しい場合にどのような給与水準が望ましいか等について、委員間で意見が交わされた。

④ 第4回（令和5年12月19日）

「多様な属性の職員が生き生きと働き続けられる環境整備の在り方」について議論が行われた。若年層が自律的に自身の働き方を決定したいと考えるようになっていること、共働き世帯の増加や育児参加に対する意識の変化に対応できる人事管理が求められること、といった課題認識を踏まえ、多様な属性を持つ職員が自律的かつ、生産的に働くことができるような環境整備として、兼業規制の見直し、勤務時間の柔軟化及び勤務地域の選択制、その他Well-Being実現に当たって必要な事項等について、委員間で意見が交わされた。

⑤ 第5回（令和6年1月23日）

「エンゲージメント向上につながる評価・育成の在り方」について議論が行われた。国家公務員の人材確保をめぐる状況や公務を取り巻く社会情勢が大きく変化する中、公務においても職務や実績に応じた処遇の推進、成長の実感につながる評価やキャリア形成支援が求められるといった課題認識を踏まえ、ポストと職務の級や給与を厳格にリンクさせるべき職員層、ポストに求められる役割等の明確化、評価者と被評価者との間のコミュニケーションの在り方、実効的なキャリア形成支援、国家公務員のスキル・専門性の向上の支援等について、委員間で意見が交わされた。

⑥ 第6回（令和6年2月28日）

経済産業省、国土交通省、公務員労働組合連絡会、日本国家公務員労働組合連合会を招いてヒアリングを実施した。

各組織から、これまでの人事行政諸問会議における議論のテーマ（①国家公務員の在り方及び国家公務員に対する規律、②処遇も含めた、戦略的人材確保の在り方、③多様な属性の職員が生き生きと働き続けられる環境整備の在り方、④エンゲージメント向上につながる評価・育成の在り方）に関する事項の現状や課題について説明があり、その後、委員からの質疑が行われた。

⑦ 第7回（令和6年3月25日）

これまでの議論を踏まえ、事務局より中間報告の骨子案が提示され、当該骨子案について委員による意見交換が行われた。その後、委員からの意見を踏まえて、当該骨子案をたたき台とし、座長の下で中間報告案を作成し、次回の会議で議論することが了承された。

⑧ 第8回（令和6年4月22日）

第7回会議を踏まえ作成された中間報告案について委員による意見交換が行われた。その後、中間報告案の内容は了承されるとともに、座長に一任され、座長と事務局で相談して中間報告を確定することで了承された。

第2章　中間報告

　令和6年5月9日に、森田座長から人事院総裁に対し、中間報告が手交された。

　森田座長から、この中間報告を人事院総裁に手渡す際、「今や国家公務員の人材確保は危機に直面しており、直ちに手を打たなければ手遅れになる。中間報告では、課題解決の方向性として、国家公務員として取るべき行動規範の言語化、職務をベースとした人材マネジメントの構築と報酬水準の設定、自律的なキャリア開発の推進や成長の支援などを提示している。国家公務員には多様な職務があるので、職務に応じた制度・運用について、最終提言に向けて検討していく」とのコメントがあった。

　中間報告を受け取った人事院総裁からは、「国民を守り、世界に誇れる日本であるためには、国家公務員の力が最大限発揮されることが必要。現在の国家公務員の人材確保の危機的な状況は、一刻も早く脱しなければならない。そのためには聖域なく、大胆に、抜本的な改革を実行していく必要がある。人事院としては、スピード感を持って、先んじて着手できる施策に関しては、最終提言を待たずに実施していきたい」との発言があった。

　人事院としては、中間報告の内容を踏まえ、実行できる施策については最終提言を待つことなく早急に着手するとともに、今後の人事行政諮問会議における議論や最終提言も踏まえつつ、公務員人事管理の抜本的なアップグレードを講じていくこととする。

人事行政諮問会議　中間報告のポイント　2024年5月

公務志望者の減少　📉　　人材確保は危機的状況　📈　若年層職員の離職増加

2・3は、本府省を中心に政策の企画や立案、高度な調整等を担っている職員を優先的な対象として検討

1.「行動規範」の明確化

禁止事項ではない、主体的・意欲的に働くための「行動規範」を明確化

2. 職務ベースの報酬設定、能力・実績主義の徹底

- ✓ 職務内容や必要なスキルの明確化
- ✓ 職務に応じた報酬水準の設定
- ✓ 年功的処遇からの脱却

3. 自律的なキャリア開発と成長支援

- ✓ 納得性のある人事評価と適切なフィードバックによる育成
- ✓ 職員が希望する仕事への挑戦を可能に

魅力ある勤務環境の整備　　採用手法の改善

※ 各府省のニーズを踏まえて、順次、柔軟に施策を導入

人材の価値を最大限に引き出し、組織パフォーマンスを最大化
世界最高水準の行政サービスを提供

▌これからの公務員人事管理が取るべき対応　※ 各府省のニーズを踏まえて、順次、柔軟に施策を導入

1	国家公務員に求められる行動を「行動規範」として明確化	✓ 禁止事項ではない、主体的・意欲的に働くための「行動規範」を明確化
2	職務をベースとした人事制度・運用に基づくマネジメントと報酬水準	✓ 職務内容や必要なスキルを明確化し、職務に応じた報酬水準を設定 ✓ 在職年数に基づく年功的処遇を脱却し、能力・実績主義を徹底 ✓ 管理職員のマネジメントスキルの向上
3	自律的なキャリア開発と成長支援	✓ 納得性のある人事評価と適切なフィードバックによる育成 ✓ 公務内での公募活性化など、職員が希望する仕事への挑戦を可能に ✓ 主体的な学びを支援
4	魅力ある勤務環境	✓ 業務効率化や業務量に応じた人員配置による長時間労働の改善 ✓ 限られた定員の下、採用困難化などでその充足も困難となる中、ワークライフバランスを確保できる体制の拡充 ✓ 時間と場所にとらわれない働き方や、ハラスメント根絶によるWell-beingの実現
5	採用試験の設計を始めとした採用手法	✓ 採用者数が増加している総合職試験（教養区分）の受験機会拡大など志望者・各府省とも活用しやすい試験の早急な検討

人事行政諮問会議　中間報告

2024年5月9日

I　公務員人事管理の現状と課題

1　危機に直面する国家公務員の人材確保

　公務の使命は、国民の安全と生活を守り、さらに、国家を一層発展させ、世界に誇れる社会を築き上げることである。そのため、公務には、国際情勢や社会経済情勢が激変する中でも、組織の運営力や経営管理力を一層高め、国民全体に対して、世界最高水準の行政サービスを提供し、活力ある社会を築くことが求められている。国家公務員法（昭和22年法律第120号）も、国家公務員たる職員がその職務の遂行に当たり最大の能率を発揮するよう、民主的に任用されること等を定めることを通して、国民に対して、公務の民主的かつ能率的な運営を保障することを目的としている。その目的を実現するためには、国家行政を担う公務組織の各層において優秀な人材を誘致し、育成し、それぞれの職員が最大の能率を発揮して職務を遂行できる環境を整備し、もって組織のパフォーマンスを向上させていく必要がある。

　一方、国家公務員の人材確保は危機に直面している。近年、国家公務員の志望者数は顕著な減少傾向にある。この間、人材確保において競合する民間企業等においては、働きやすい職場環境の整備や成長支援の拡充などの若年層を中心としたニーズに沿った組織パフォーマンスの向上に資する取組が積極的に進められてきた。公務がそうした動きから遅れているとの評価もあり、志望者数の母集団となり得る22歳人口については、近年大きな変動なく推移している一方、直近、2023年度の国家公務員採用試験の申込者数は、現行の試験制度となった2012年度と比較して総合職試験（院卒者試験・大卒程度試験）で6,724人（約27％）、一般職試験（大卒程度試験）で13,325人（約34％）減少した[1]。国家公務員志望者数の減少は、国家公務員という職業があたかも魅力的でないかのような認識が社会に広がっていることの表れであり、今後、国家行政を担うことが期待される優秀な人材が国家公務員として働くことを更に忌避するといった悪循環が生じるおそれがある。

　また、若年層職員の離職は増加傾向にあり、総合職試験採用職員について見ると、採用後10年未満の退職者数は、近年、毎年100人を超える状況となっている[2]。特に、実務の中核を担う20歳台後半から30歳台の職員が退職することは、公務組織のパフォーマンスの低下につながる懸念がある。このように、採用試験からの採用者を部内育成するだけでは円滑に業務を遂行する

---

[1] 参考資料1参照
[2] 参考資料2参照

　ことが困難になっていることから、民間企業等からの経験者の採用を増やしている実態があり、現に、民間企業等から採用された職員の割合は、2021年度の採用者のうち19％を占め[3]、増加傾向にある。ただし、現状、公務においては、民間企業等からの採用に関する各府省人事当局の知見や採用を行う体制が必ずしも十分でないこともあり、依然として即戦力となる人材の確保に苦戦している。

　国家公務員志望者数の減少や公務を離れる者が増える現下の状況が続けば、公務を支える人材が質と量の両面で不足することになる。その結果、公務組織のパフォーマンスの向上はおろか、従前と同様のパフォーマンスの発揮すら困難になり、国民の安全な生活に支障を来し、さらには、国家の衰退につながりかねないことを強く懸念する。

　以下では、まず、公務の人材確保が危機的な状況に至った要因について分析するとともに、公務が認識すべき課題を抽出する。

2　人材確保の危機に直面している現状の要因
（1）生産年齢人口の減少に伴う構造的な人手不足

　我が国の生産年齢人口は、1995年の8,716万人をピークに減少しており、2050年には5,540万人（2020年から約26％減）に減少すると見込まれている[4]。また、有効求人倍率は、リーマンショックの影響を受けた2009年度以降、景気の回復基調とともに上昇傾向となり、2022年度はバブル期を超える水準となっている[5]。本年4月に日本銀行が公表した全国企業短期経済観測調査（短観）では、全規模全産業の雇用人員判断DIがマイナス36と1991年11月調査以来の不足超過となっており、現在、官民を問わず人手不足感は高い状況にある。過去においては、景気が冷え込み民間企業等の採用が落ち込むとその反動で国家公務員志望者数が増加するという傾向が見られた。しかし、現在のような売り手優位の労働市場環境はもはや構造的に不可逆であると考えられ、今後、民間企業等との間での人材獲得競争が更に激化することが見込まれる。

（2）国家公務員の勤務環境・処遇面での魅力の低下

　社会経済の変化や複雑化により一層高まる行政需要に対し、公務が限られたマンパワーによる対応を求められる中で、特に本府省職員を中心に、長時間労働の改善が課題となっている。超過勤務の上限を超えた職員の状況については、いわゆる過労死ラインとも呼ばれる水準である「1月100時間未満」の上限を少なくとも1回以上超えた職員が2022年度は約5,500人であった[6]。その要因として、職員自身にとって予見可能性が低く、コ

---

[3] 第2回会議資料14ページ参照
[4] 第4回会議資料4ページ参照
[5] 第1回会議資料12ページ参照
[6] 参考資料3参照

ントロールしづらい業務が挙げられている。さらに、必ずしもやりがいと結びつかない場合もある長時間労働が常態化しているといった勤務環境がメディアやSNS等で頻繁に取り上げられている。

　一方で、公務の外に目を向けると、価値観が多様化する中にあって、働く個々人の違いを認め、多様な人材をいかし、その能力を最大限に発揮できる勤務環境の整備が進んでいる。2018年には、時間外労働の上限規制の導入などが盛り込まれた働き方改革関連法（働き方改革を推進するための関係法律の整備に関する法律（平成30年法律第71号））が成立し、以降、民間企業等における平均残業時間は短縮傾向にある[7]。加えて、一部の民間企業等では、勤務地域限定正社員という転勤がない正社員の区分を創設したり、働く場所の柔軟性を飛躍的に高めるフルリモート勤務での就業を認めたりする例もあるなど、Well-beingへの関心の高まりなどもあいまって、働き方改革が大きく推進されている。

　公務においても、超過勤務の上限規制や勤務間のインターバル確保を通じた長時間労働是正に向けた取組や、フレックスタイム制やテレワークの推進など柔軟な働き方を可能とする仕組みを導入しているが、行政サービスを切れ目なく国民に提供するためには、長時間労働もやむを得ないとする職場風土や職員意識の改革などの取組がより一層求められる。

　また、給与面の課題もある。国家公務員の給与水準は、国家公務員法に定める情勢適応の原則の下、現在、企業規模50人以上の民間企業の給与水準との均衡を考慮して定めている。最近は大企業等において初任給を含む給与の大幅な引上げが行われており、特に総合職試験からの採用において競合する企業の給与と比べると、かなり見劣りするものとなっている。

（3）国家公務員の不祥事を契機とする公務への不信感の高まりなどの影響

　近年、幹部公務員の不祥事が政治との関係で国会やマスコミ等で多く取り上げられたことなどもあり、社会全体の国家公務員に対する不信感が高まり、多くの若年層にとっても、国家公務員が社会や国民から尊敬され、誇りの持てる魅力的な就職先ではないと認識されているようである。

　さらに、政治主導の浸透により行政における政治への応答性が過度に重視され、各府省が政策の立案や決定のイニシアチブを取れていないのではないかと見られていることも、国家公務員という職業、特に、各府省の所管業務に関わる専門性を基盤とする政策のプロフェッショナル集団たる霞が関が、かつてに比べ、魅力的な就職先として認識されなくなっていることにつながっている可能性がある。

---

[7] 参考資料4参照

（4）若年層のキャリア意識の変化と公的分野における企業活動のプレゼンスの拡大

特に若年層において、自身のキャリア形成の在り方に関する意識の変化が見られる。

長らく日本企業においては、大企業を中心として、長期雇用を前提とした年功を重視した人事管理が行われてきた。また、その多くの場合において、人事部門が一元的な人事管理を担うことが通例であった。例えば人事異動においては、従業員本人の希望よりも組織の意向を優先し、ゼネラリスト育成の観点から、定期的な人事ローテーションがなされることも少なくなかった。

しかしながら、現在の若年層は、就職活動をする段階から将来的な転職を選択肢として現実的に考えており、就職先の選択時には、自身の市場価値向上の観点から仕事を通じて成長できる環境があるか、という視点を重視する傾向がある[8]。民間企業等においては、人材を資本として捉え、その価値を最大限に引き出すことで、中長期的な企業価値の向上につなげるため、教育研修の充実など人への投資の推進、能力ある人材の早期選抜、主体的なキャリア形成を後押しする社内公募制度の導入などにより、そうした期待に応えようとする取組も見受けられる。

また、かつては公共的な仕事を志望する場合、公務員はその代表的な職業であったが、近年、企業の社会的責任の見える化や、ビジネスの中で社会課題の解決を推進する取組の進展もあり、民間企業等の経済活動でも社会貢献ができるようになっている。より身近な問題を現場で解決する事業を展開するソーシャルビジネスや、国や地方公共団体といった公共分野にも携わるコンサルティング業界の市場規模も増大傾向にあり、国家公務員や地方公務員をキャリアとして選択しなくても、民間企業等の活動を通じて公共的な仕事に関わりやすくなってきている。

3　現状の要因分析を踏まえた課題認識

上記2のように、公務の人材確保を巡る状況は、今後更に加速する生産年齢人口の減少という社会の構造的な変化に加えて、働き方やキャリア形成に対する若年層の意識の変化、公的分野における企業活動のプレゼンス拡大、人材獲得の競合相手における先進的な変革など、様々な観点で大きな変容が起きている。

長期雇用を前提とした新卒一括採用と部内育成、採用年次に重きを置いた昇進管理とその結果としての年功的な報酬などは、そもそも一つの組織で定年まで働くことを当然と考えない若年層には、もはや魅力として映らなくなっている。ある程度の段階までは処遇で差を付けずに長期間モチベーションを維持する人事管理モデルにおいて報酬は年功的に後払いされる形になる

---

[8] 第4回会議資料9・10ページ参照

が、現在の自身の市場価値を重視する者は、その時々に従事した職務や達成した成果が適切に評価され、それに応じた昇進と正当な対価が支払われることを魅力と捉えるようになってきている。

　特に、公務においては、早期退職慣行の是正や再就職規制の見直し、年金支給開始年齢の引上げへの対応等により職員構成の高齢化やそれに伴う昇進スピードの低下が進んだこともあり、採用されてから、やりがいや責任があり成長につながる仕事を担うまでに要する期間が長期化している。さらに、目の前の仕事をこなすだけで自身の仕事が何につながっているのか分からない、自身のスキル等が職務を通じて高まっているという実感を得られないなど、モチベーションの維持が困難になっている。

　こうした環境変化の中にあっても、公務員人事管理は未だ旧態依然たる人事管理モデルを基本としている。それは、従来のシステムが戦後長期にわたり維持されてきたため、人事管理上の課題が認識されてもシステム内で処理することが優先され、本質的な見直しを避けてきたからだと思われる。

　大きく変容する状況に対応し、現在の公務が直面する危機的な状況を打破するためには、微修正によって解決を図るような、その場しのぎの対症療法的な方策では対処できない段階にきている。

　まずは、公務自らが課題を直視して、これまでの対応を検証し、改善に取り組めるものから早急に着手しなければならない。これまでの公務では、限られた人的資源を最大限にいかすという意識が欠如していた。今後は、そうした意識を徹底し、優秀な人材の能力を最大限に引き出し、国民に対して高い付加価値を還元できる業務プロセスを構築するべく、デジタル技術の活用や業務の抜本的な見直しを行う必要がある。また、現状、直ちに取り組むことができる業務改革については、政府のあらゆる部局において徹底的に取り組んでいかなければならない。

　その上で、公務組織の維持、そして更なる公務組織のパフォーマンスの向上のためには、優秀な人材を公務に惹きつけ、そうした人材がやりがいを持ち、存分に活躍できるようにするための直接的なアプローチが必要である。国民や国のために働く公務の意義と価値を再定義し、国家公務員を優秀な人材にとって魅力ある職業に変えていかなければならない。すなわち、優秀な人材の採用とリテンション、そしてその前提となる早期選抜や給与処遇が中核的・優先的課題である。

Ⅱ　これからの国家公務員人事管理が取るべき対応の方向性と方策

　Ⅰにおいて述べたとおり、公務には国民に対する使命があり、公務の人材確保を巡る現状において、この使命を達成するために最も重要なことは、公務組織における人的資源の価値を最大限に引き出すことである。

　これまでの公務組織は、職員をいわばコストとして捉え、組織や人員をスリム化し、かつ、職員に負荷のかかる働き方を求めることで、いかに少ないコス

トで運営するかに重きが置かれてきた。このため、人事当局による画一的な人事管理や服務・勤務時間等の規制的な管理が重視されてきた側面がある。

　しかし、国家公務員法は「職員の能率は、充分に発揮され、且つ、その増進がはかられなければならない。」と規定しており（同法第71条第1項）、今後は、公務組織がその人的資源を最大限にいかして、パフォーマンスを上げることを重視し、一人一人の職員を重要な資本であると捉える人的資本経営の発想を取り入れる必要がある。職員に投資し、最大限にその能力を発揮できるよう育成し、成長させることで、これまで以上に、効率的かつ質の高い行政サービスを国民に提供することが可能となる。また、これにより、職員が尊重され、職員が成長できる魅力ある職場となることで、優秀な人材の確保につながる好循環も期待できる。このように、限られた人的資源の価値を最大限に引き出す方向を目指すことが、国家公務員人事管理の取るべき対応の基本理念となる。

　職員の個性を尊重し、個々の職員に主体的・自律的な業務遂行を促し、公務組織のパフォーマンスを向上させるに当たっては、組織の目的や方向性と職員のそれとが一致することが不可欠である。そのためには、公務全体の役割や使命が、省庁や部局においてより具体化され、個々の職員が担うべき役割・ミッションとして言語化、明確化され、職員に納得感を持って理解される必要がある。国家公務員として求められる行動かどうか個々の職員が常に自省することにより、その総体である公務全体は個人の力を一つの方向に結集することができる。

　また、一人一人の職員の使命や役割の明確化は、一つ一つの官職の職務内容の明確化と表裏一体の関係にある。公務組織は省庁、局課と次第に細分化されていき、最後は最小単位である官職から構成されている。したがって、公務組織がその使命や役割に応じて機能的に編成されるためには、個々の官職における職務内容が明確化されていることが前提となる。そうなって初めて、職務に必要な能力が明らかとなり、それを有する人材かどうかを評価して配置することが可能となる。また、職務内容や業績を適正に評価し、適切な水準の報酬を支給するためにも、職務内容の明確化が不可欠である。

　さらに、職員が最大限の能力を発揮するためには、個々の職員にとって必要な成長支援、希望や事情に応じた柔軟な働き方の実現など、職員の能力開発や職場環境の整備に積極的に投資を行い、意欲ややりがいを引き出すことが求められる。

　このような基本的な考え方を前提として、以下、これからの国家公務員人事管理が取るべき対応の方向性と方策について述べる。

1　国家公務員に求められる行動を規範として言語化

　公務組織が限られた人的資源の価値を最大限に引き出せるようにするためには、公務が求められる役割、国家公務員が果たすべき役割やその役割を確実に果たすために国家公務員に求められる行動について、改めて国民との関係において明確化することがまずは必要となる。

これまで国家公務員には職務専念義務や職務命令遂行義務といった服務規律、すなわち多数の禁止事項が定められているのみであり、国家公務員として積極的に取るべき行動については言語化されていなかった。このことが、結果として、いわゆるお役所仕事と呼ばれるような個々の職員のリスク回避志向や事なかれ主義につながる懸念もある。今後はキャリア形成や自己の成長に関する意識の高い職員が増えていく中で、職員が主体的・自律的・意欲的に働くための礎となる価値観を醸成するとともに、職務上の葛藤が生じた場合においても自身が担当する仕事の価値や意義を再認識する契機を提供するためには、国家公務員として取るべき積極的な行動を規範として明確にすることが求められる。

国民が安心して日々の生活を送ることができるようにするためには、国家公務員が、与えられた使命を達成するために誠実に働くこと、そして、最大限のパフォーマンスを発揮して職務を遂行することが必要である。国家公務員として取るべき行動を言語化して国民に対して分かりやすく示し、これを基に職員が自ら行動することは、国家公務員に対する国民の信頼醸成につながり、行政運営を円滑に進めていくことにも資するほか、下記2以降の方策を実装することへの国民の理解につながる。

最終答申に向けては、この行動規範を定めるに当たっての観点や留意点を整理した上で、諸外国政府などの事例も参照しながら、議論を深めていく。

2 公務員人事管理の抜本的見直しのアプローチ
(1) 最も優先的に対策を講じる必要がある職務・職域

約30万人の国家公務員には多様な職務・職域があり[9]、人材確保の状況は様々である。最終的には、こうした様々な職務・職域における課題にそれぞれ対応した解決策を導き出していく必要がある。この点、例えば、勤務環境は全ての国家公務員にとって身近な問題であり、改善が図られない場合には離職につながるおそれがある。後述のように、国家公務員全体を対象として、勤務環境の更なる改善について検討すべきである。

一方で、中核的・優先的課題である早期選抜、給与処遇の改革を通して優秀な人材の採用、リテンションにつなげていくことについては、課題が多岐にわたり難易度も高く、その解決に大きな労力と長い時間を要すると考えられることから、戦略的に、最も優先して対処しなければならない本質的な課題の解決に注力していくべきである。

国家行政において、全ての政策は、企画や立案、関係者との調整、現場での執行のいずれの部分が欠けても成立しない。例えば、給付や許可の申請であれば、外見的には国民が直接やり取りをする窓口等の業務が国民の目に見えやすい部分である。一方で、そうした窓口で執行される政策も、全てその前段で、給付や許可の根拠法令の整備や基準の設定、予算の確保

---

[9] 第2回会議資料17～22ページ参照

など、国民の代表者の性格を有する立法府と専門性を有する行政府が、議院内閣制の下、協働して企画・立案し、決定されているものである。

国家の政策決定は、政策ごとにその多寡はあるにせよ、国民生活全体に影響を及ぼす。そして、重要な政策になるほど、政治と行政が適切な役割分担の下で連携して決定されるものである。最終的な政策決定の判断は、政治によってなされるものであるが、政治が十分な情報と判断力を持ち合わせた上で、真に正しい決定を行うため、行政にはその専門的な知見の発揮が大いに求められる。政策のプロフェッショナル集団たる行政には、全体の奉仕者として政治に対して中立・公正な立場から政策の選択肢を積極的に提示する役割が期待されている。

また、国民生活全体に影響を及ぼす重要な政策であるほど、政策の合理性や法的安定性を担保し、政策への国民の理解を求め効果的に執行していく上で、行政が担う政策の企画や立案、調整といった役割は極めて重要になる。

仮に、行政のこうした機能が脆くなってしまったとしたら、政治に対し有効な政策提示ができなくなり、国民生活に重大な悪影響を及ぼしかねない。国民生活に大きな影響を与える政治判断を支える本府省を中心に優秀な国家公務員を安定的に確保することは、国家行政を支える基盤になり、ひいては国民の利益にも結び付く。

したがって、当会議においては、優秀な人材の採用やリテンションという大きな課題の中で、戦略的に最も優先して対処しなければならない本質的な問題は、本府省を中心に政策の企画や立案、高度な調整等を担っている国家公務員の早期選抜や給与処遇の在り方にあると考える。なお、こうした視点の設定自体についても、最終答申に向けて引き続き検討を深めていく。

（2）解決すべき具体的な課題と対応策

以下では、当会議においてこれまで議論がなされた公務員人事管理の抜本的見直しの観点、具体的な課題、それらへの対応策について、議論の整理を行う。これらについては、引き続き当会議において議論を深めていくが、人事院においても検討を行うことを求めたい。可能なものについては先行して本年の人事院勧告時の公務員人事管理に関する報告において対応の方向性が示されることを期待したい。

① 職務をベースとした人事制度・運用に基づくマネジメントと報酬水準

先述のとおり、若年層において、一つの組織で定年まで働くことが当然ではなくなっている中、今後、社会全体として人材の流動性が高まることも見据え、特に、どのような組織でも必要とされるような優秀な人材の採用・リテンションを強く訴求することが重要である。

　国際情勢や社会経済情勢が激変し、新たに公務において対応すべき課題が次々と生じる中では、公務の組織パフォーマンスを高める必要があり、国家公務員には、その変化やスピードに柔軟に対応し、従来にない新たな発想で、的確な企画・立案を行い高度な調整を行う能力が求められている。そのような能力を有する人材については、採用年次ではなく能力や業績面の適切な評価により年齢に関係なく権限と責任のある重要なポストへと登用することや、その高い市場価値に見合った競争力のある適切な報酬額とすることも重要である。

　若年層の意識の変化や組織パフォーマンス向上の必要性を踏まえると、公務には、改めて国家公務員法に定める職務給の原則を徹底し、職務をベースとした人事制度の運用と、それを前提とした適切な報酬水準を設定することが求められている。その際、同一の職務であっても困難度は年により変動することなども勘案する必要がある。

　職務をベースとした人事制度・運用を厳格に、かつ、透明性を持って行うことに適合的な職種・職域に導入するに当たっては、その土台として、次に掲げる事項を整備しておく必要がある。

➤　　国家公務員の職種は多様であり、組織管理やマネジメント、公権力の行使など様々な性質の業務に従事することが想定される。現状の人材の能力構成に対して、各府省における業務の内容や展開を見据えて、今後どのような人材がどのくらい必要となるか、どのような能力が必要でどのように育成するのか、といった人材の確保・育成の戦略を明確にし、当該戦略を人材ポートフォリオ（事業戦略の実現に必要な人材の質的・量的な構成を明らかにしたもの）に落とし込むこと。

➤　　その上で、組織の役割やミッションを官職レベルにブレークダウンして落とし込み、それぞれのポストにおける職務内容やその職務を遂行するために必要なスキル等を明確にし、一定の役職段階以上のポストに関しては職務内容を開示し、職務にきめ細かく対応した報酬を可能とすること。その前提として、FTE(Full-Time Equivalent)のような業務量とマンパワーの測定手法の考え方も研究し、生産性の向上のためデジタルの活用等を通じて合理的な勤務時間内で遂行可能な業務量となるようにすること。ただし、緊急時の態勢の柔軟性を確保できるようにすること。

➤　　管理職員には、部下が担うべき役割・ミッションを明確に示すとともに、日常のコミュニケーションを通じて部下の意見に耳を傾け、疑問には納得いくまで説明するよう心掛けること等を通じて、その成長を促す役割が求められる。特に、必ずしも本人の希望しないポストに配置された場合には、担うべき役割・ミッションの意義や組織の期待を理解できるよう説明を尽くした上で、その貢献を適切に評価・処遇すること。

> ➢　ポストへの登用の際に在職年数等を昇格の要件としたり、給与上の処遇が必ずしも人事評価結果と一致しない場合があったり、といった職員の納得性の低い又は評価者の理解が十分でないと考えられる制度運用を改善し、能力・実績に基づく人事管理の原則を徹底すること。そのためには、登用や給与処遇の根拠や納得性を人事評価結果が十分担保し得るだけの精度を備えることが必要であり、評価者の評価能力向上のための方策の実施、例えば、評価者研修やマネジメントトレーニング、マネジメントサーベイを行うことなどが求められること。また、管理職員のマネジメントスキルの発揮状況が適切に評価されるようにすること。あわせて、評価者が適切に評価、マネジメントを実施できるよう、適正な被評価者の人数（規模）とすること。

さらには、人材ポートフォリオのうち業務の内容等に応じて各府省の内部人材で当面埋めることのできないポストについては、民間企業等から積極的に人材を採用する必要がある。また、最適な人材をそれぞれのポストに配置するためには、職員が自らの意思でポストを希望する公募手続も一般的な任用方法となるよう定着させていく必要がある。

職務をベースとした人事制度の運用と、それを前提とした適切な報酬水準の設定に関しては、当会議において、今後、最終答申に向けて、各府省における実情や民間企業等の先進事例も参照しながら、実現可能性を高める観点から議論を深めていく。

②　自律的なキャリア開発と成長支援

若年層のキャリア意識の変化として、自身のキャリア形成に対する関心や、きめ細かな人事上の対応へのニーズが高まっていることも挙げられる。公務においても、納得性のある人事評価と適切なフィードバックによる育成、例えば、職員の具体的な行動に対する指導・助言を行うこと、職員が業務を通じて得られるスキルを言語化して伝えることなどが求められる。また、人事当局が組織の人事構想や職員の希望等を丁寧に考慮して人事異動を講ずることや、組織内公募や府省間の公募による異動を活性化することにより、職員自らが希望する仕事に自らの意思でチャレンジできるような環境を整備することが必要である。

そのためには、まずは①の施策により、ポストにおける職務内容やその職務を遂行するために必要なスキル等の明確化が行われることを通じて、能力開発の指針が明示され、公募に必要な情報が整備される必要がある。また、これに対応して、個々の職員が持つ専門性やスキル、公務内外での経験、人事評価結果、キャリア志向などの情報を可視化し、データとして蓄積し活用することで、キャリア開発やマッチングを効率

的に行うことができる。

このほか、職員の主体的な学びの支援や、職員の希望を踏まえた他の組織への出向や官民人事交流の推進、自己啓発等休業や兼業・副業による公務外経験の推奨など、国家公務員としてのキャリア開発に関する支援のメニューが様々考えられるところであり、これらの施策については、着手できるものから検討を進めることが適当である。

③ 魅力ある勤務環境

国家公務員の勤務環境を魅力あるものとすることは喫緊の課題である。

長時間労働の改善のためには、まずは、生産性を向上するための業務プロセス改革やDXの推進といった業務効率化、業務量に応じた柔軟な人員配置に努めるべきである。

行政機関の常勤の職員の定員の総数は、行政機関の職員の定員に関する法律（昭和44年法律第33号）等により上限が定められ、さらに累次のいわゆる定員合理化計画による合理化や、組織の法人化等による純減が進められた結果、現在、約30万人となっており、近年はわずかながら純増傾向にあるものの、人口に占める公的部門の職員数の比率で見ると、単純比較は困難な面もあるが、他の先進諸国と比べて総じて低い割合となっている[10]。

また、現場では、採用の困難化などにより、定員を充足することができず円滑に業務を遂行することが困難になっているという状況が生じており、今後、生産年齢人口の減少により人材を確保して定員を満たすことが更に困難となっていくことが見込まれる中、仕事に応じて必要な人材がきちんと手当できるような環境を整備してワークライフバランスを確保していくことが、人材のリテンションにおいて極めて重要になってくる。

このため、育児・介護等の事情に対応するため今後増加することが見込まれる短時間勤務職員をフルタイム職員が支援するための体制、働き方改革や業務見直しを推進するための体制などについて、政府において拡充の検討がなされることを期待したい。

さらに、業務効率化については、公務部内のマネジメントを徹底し、長時間労働もやむを得ないとする職場風土や職員意識を抜本的に切り替えることが求められる。その上で、他律的な業務として挙げられることの多い国会対応については、行政府における改善を一層進めるとともに、速やかな質問通告やオンラインによる質問レクなどデジタルツールを利用した質問通告の推進等、立法府においても一層の改善が期待される。

---

[10] 第4回会議資料15ページ参照

　価値観が多様化している今日、個々の職員の事情に合わせて可能な限り柔軟に働き方を選択できるようにすることが重要である。例えば、男性の育児休業の取得が近年一般的となってきたように、介護のための休暇、フレックスタイム制の活用などが一般的となるよう、職場環境の整備にも取り組む必要がある。

　育児や介護などの事情を抱える職員を始め、多様な人材をいかしていくために、勤務時間の短縮等を容易にすることや、アウトプットで成果を測れる業務や必ずしもフルタイムでの勤務を要しない業務などについて可能な限り時間的な制約を取り払い、職員が自律的に勤務の時間帯や長さを選択できる枠組みを整備すること、テレワークをできるだけ幅広く活用できるようにしていくことが公務の魅力向上にとって有効である。また、ワークスタイルやライフスタイルが大きく変わるような転勤の在り方についてはその必要性を改めて見直すべきである。

　加えて、ハラスメントの根絶を始めとしたWell-beingの実現も当然求められる。公務においても、各種のハラスメントの防止等についての人事院規則が制定されているが、2022年度に人事院が受け付けた常勤職員の苦情相談のうち相談内容として最も多いのはハラスメント関係で、全体の事案数の33.8％となっている[11]。

　また、公務においては、組織外からのハラスメント、いわゆるカスタマー・ハラスメントもパワー・ハラスメントに含まれるとしているが、国家公務員は国民全体の奉仕者であるという位置付けもあって、業務において対峙する関係者からの質問や苦情への対応の場面では職員に大きな負担がかかっていることも多く、組織として職員を保護する取組を進める必要がある。

　近年、採用者に占める女性の割合は増加し、2023年度の総合職試験採用者では約36％が女性となっており[12]、また、共働きが一般的となっている中では、これまでの専業主婦世帯の家庭像を前提とした、長時間労働や突発的対応、転勤等を厭わない働き方を職員に求めることには限界がきている。長時間労働の改善や柔軟な働き方の推進は、全ての職員にとって、自身のライフステージに応じて生き生きと働く上で、また、持続可能な公務組織であるために不可欠である。

　さらに、今後、官民の間で人材交流が進んでいくことが見込まれる中にあっては、公務の役割を適切に果たす前提の下で、働き方を必要以上に管理するのではなく、民間準拠の考え方に基づいて民間労働法制に近

---

[11] 第4回会議資料56ページ参照
[12] 第4回会議資料7ページ参照

づけていくことを志向するべきである。

　これらの課題に関しては、これまでの当会議での議論で出された問題意識等を基に、人事院において積極的に更なる検討を進めるよう求めるとともに、例えば、転勤の忌避やフルリモートワークの希望といった職員の勤務環境の改善への要望と、公務サービスの提供体制を確保するための人員配置等の必要性とのバランスをどのように考えるかなど、当会議で具体的な論点として掘り下げるべきテーマがあれば、人事院における検討内容も踏まえて、最終答申に向けて再び議論をしていく。
　なお、これらに関しては、国家公務員全般を対象にその勤務環境の改善について検討をすべきである。

④　採用試験の設計を始めとした採用手法

　現在の新規学卒者の採用については、学生が職業として国家公務員を選ばなかった理由として「採用試験の勉強や準備が大変」を挙げる者が最も多くなっている[13]。その背景には、国家公務員の仕事内容や待遇が、国家公務員独自の採用試験の準備のために長期間かけるコストに対して見合わないとの考えがある。したがって、採用試験は国家公務員制度の根幹である情実任用の排除や官職の国民への公開平等を支える重要な仕組みであることも踏まえた上で、採用試験の負担感軽減にも資するよう、国家公務員志望者にも各府省にも活用しやすい採用試験の在り方を考えていかねばならない。例えば、各府省の採用者数が増加している総合職試験（教養区分）の受験機会の拡大や、試験科目数の削減等の試験準備負担の軽減といった対応策については、直ちに施策の検討が行われることが望ましい。

　採用試験の見直しを進めるため、①にあるとおり、各府省がそれぞれの組織の事業戦略の実現のために、どのような人材が必要なのか、育成の観点も含めて求められる人材像を明らかにすることが必要である。また、採用後に公務部内の育成プロセスだけでは獲得することが難しいと考えられる専門的な能力や特性については、採用時に適切に検証しなければならないことを念頭に置くことが必要となる。

　採用方法の改善については、これまでの当会議での議論で出された問題意識等も基に、人事院において積極的な更なる検討を求めるとともに、公務において求められる人材像の根本的な議論など、当会議で具体的な論点として掘り下げるべきテーマがあれば、人事院における検討内容も踏まえて、最終答申に向けて再び議論をしていく。

---

[13]　第3回会議資料13ページ参照

（3）各府省がニーズを踏まえて施策を講じることのできる柔軟な仕組み

　　人材確保の状況は、府省によっても異なるため、施策の導入については、各府省における人材の確保・育成に関する戦略の下で、可能な限り、各府省がニーズを踏まえて順次、柔軟に講じることができる形式としていくことが適当である。同時に、人事院は、各府省それぞれの状況に応じて、人材確保が円滑に進むよう、施策メニューを整備するとともに、各府省の運用を支援していくことが必要である。

　　その際、これからの人事院の各府省への関与の在り方についても検討が必要である。国家公務員には多様な職務・職域があり、人材ポートフォリオや最適な人事管理の在り方も異なることを踏まえ、従来型の画一的で技術的な制度設計のスタイルを見直し、簡明なルールの設定と、中立・公正性確保の観点からの事後チェックを徹底する方向にシフトしていくことなどが考えられる。

　　最終答申に向けては、これらも含めて、必要な諸施策を実効的なものとするための人事院の組織体制の在り方などについても検討していく。

Ⅲ　各種ヒアリング結果の概要

　　当会議では、本年２月28日の第６回会議において、経済産業省及び国土交通省の２省（人事当局）と、公務員労働組合連絡会及び日本国家公務員労働組合連合会の２団体（職員団体）からヒアリングを行った[14]。

　　このほか、当会議事務局において、本府省で勤務する課長補佐級職員や公務以外を就職先として選択した大学生などへのヒアリングが一部の委員も同席して行われた。それらの概要については、本中間報告の参考資料として示すとともに、こうした各方面からの意見も参考にしながら、最終答申に向けて更に検討を深めていく。

Ⅳ　今後の検討に当たって留意すべき事項

　　本中間報告においては、国家公務員における人材確保が危機的な局面にある認識を示し、限られた人的資源の価値を最大限に引き出せるようにするため、これからの国家公務員人事管理が取るべき対応の方向性と方策について以下のとおり述べた。

> ➤　国家公務員として取ることが望まれる行動を規範として言語化すること。それにより、国家公務員に対する国民の信頼醸成と行政運営の円滑な推進を図るべきであること。最終答申に向けては、この行動規範を定めるに当たっての観点や留意点を整理した上で、諸外国政府などの事例も参照しながら、議論を深めていくこと。

---

[14] 第６回会議資料及び議事録参照

> 当会議の議論において、国民生活全体への影響度に鑑みて、人材確保に対する危機感が強く、特に優先して対処しなければならない本府省を中心に、政策の企画や立案、高度な調整等を担っている国家公務員にまずは焦点を当てること。

> 職務をベースとした人事制度・運用に基づくマネジメントと報酬水準、自律的なキャリア開発と成長支援、魅力ある勤務環境の実現、採用方法の改善に関して、対応策を提示し、最終答申に向けて検討を行っていくこと。

　今後の会議においては、これら個別の課題や施策の内容に加え、最終答申で示す人事改革のビジョンについて、人事管理の課題に日々直面する各府省人事当局の意見も踏まえつつ、そうした各府省が強い課題認識を持って確実に実装していけるよう、人事当局の体制強化を進めることなどについても具体的に検討していくことが必要である。

　このほか、人事院においても、これまでの当会議での議論の方向性等を踏まえて、必要と考えられる施策の実現に向けた積極的な検討が行われることを求めたい。人事院のみで解決できない課題については、内閣人事局とも連携しながら検討を深めることが期待される。

　本中間報告の冒頭で述べたように、国家公務員の人材確保は危機に直面しており、この状況を一刻も早く好転させるとともに、人的資源の価値を最大限に引き出すことで、公務組織のパフォーマンスを最大化していくことが喫緊の課題である。当会議としては、本中間報告が契機となって、関係各方面でこの問題が正しく共有され、多くの議論が喚起され、対応策に関する理解と協力が広がることを期待しており、そうした議論も踏まえつつ、最終答申に向けて更に議論を深めていく。

以　　上

人事行政諮問会議　中間報告　参考資料

参考資料1　国家公務員採用試験申込者数の推移

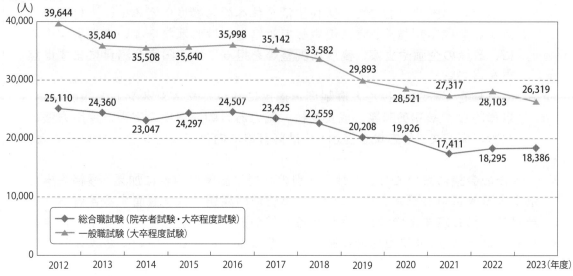

※人事院（2023）『令和4年度　年次報告書』p.87及び人事院（2024）「2023年度国家公務員採用試験実施状況」に基づき事務局において作成

参考資料2　採用10年未満の在職年数別退職者数（総合職試験採用職員）

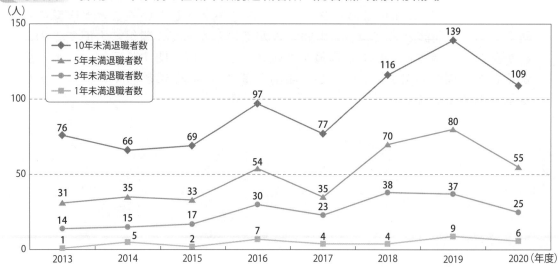

注1：調査の対象は、総合職試験採用職員（人事院が行う総合職採用試験からの採用者のみ。旧I種試験名簿からの採用者を含む。）における2021年3月31日までの状況。
注2：採用後10年未満の退職者には、5年未満、3年未満、1年未満の退職者を含む。
注3：在職年数別の採用後1年未満には、例えば、2020年4月1日採用で2021年3月31日に辞職した者を計上。
※人事院（2022）「総合職試験採用職員の退職状況に関する調査の結果について」表1に基づき事務局において作成

参考資料3 他律部署において上限を超えて超過勤務を命ぜられた職員の割合（2022年度）
（上限別で見た場合）

上限	割合 （概数）
1月100時間未満	7.4% （約5.5千人）
年720時間以下	7.0% （約5.3千人）
2〜6月平均80時間以下	10.5% （約7.9千人）
月45時間超は年6回まで	13.0% （約9.8千人）
いずれかの上限を超えた職員	16.0% （約12.0千人）

注1：「他律部署」とは他律的業務の比重が高い部署をいう。
注2：「割合」は他律部署の年度末定員の総数（約7.5万人）を100%とした場合のもの。
注3：上限別で見た場合の合計は、同一の職員が複数の上限を超えている場合もあるため、「いずれかの上限を超えた職員」の割合とは一致しない。

参考資料4 日本の残業時間 定点観測

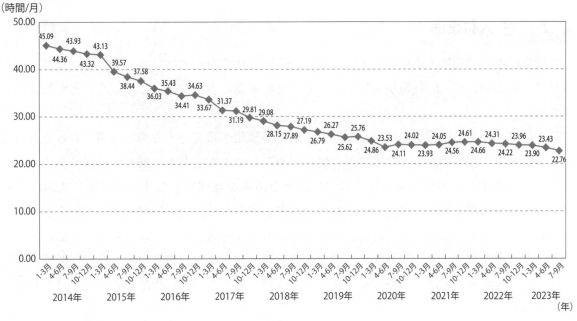

※オープンワーク株式会社 OpenWork 働きがい研究所「日本の残業時間 定点観測」より作成

第2部　令和5年度業務状況

第1章　職員の任免

　職員の任用は、成績主義に基づき、受験成績、人事評価又はその他の能力の実証により行うものとされている。職員の採用は、公開平等の競争試験によることを基本とし、これによらない場合は選考によっている。このような中、公務の活性化のために、公務外での専門的な実務経験等を有する人材を採用する制度や任期付職員制度等各種の制度が整備され、公正な能力実証や採用手続の下、多様な民間人材が公務に選考採用されている。

　また、採用後の昇任、転任等の任用についても、この成績主義に基づき、公正に実施されなければならず、人事評価の結果を任免に活用すべく、各府省に対して、制度の趣旨にのっとった運用を行うよう指導を行っている。さらに、人材育成、公務の活性化等の観点から、官民人事交流制度についても、公正を確保しつつ、円滑な推進のための環境整備を進めている。

　一方、公務能率の維持及び公務の適正な運営の確保の観点から、職員が一定の事由に該当する場合には、その意に反して免職、降任、休職等の処分を行うことができることとされている。

第1節　人材確保

　行政課題が一層複雑・高度化している中で、国民全体の奉仕者として公務能率を維持・向上させていくためには、時代環境に対応できる多様で有為な人材を確保していくことが重要な課題である。

　若年層において進路選択の早期化や就業意識の多様化が顕在化する中、公務における人材確保については、民間企業等との人材獲得競争が激しくなるなど非常に厳しい状況にある。

　このような中、時間や場所に縛られずに様々な活動を展開できるオンラインによる配信やアーカイブの公開を積極的に活用しながら、国家公務員が社会への貢献とやりがいを感じられる魅力的な職業であることや各府省が求める具体的な人材像などを発信するとともに、民間就職支援会社等が開催する合同説明会の場や各種情報発信媒体を一層活用するなど、新たな人材供給源を開拓するために、各府省や大学等との連携・協力の下、積極的に人材確保のための活動を行った。

　また、現下の公務組織における職員の年齢階層別の在職状況の偏りや行政課題の複雑・高度化を踏まえれば、公務組織を支える多様で有為な人材を確保するためには、採用試験を通じた新規学卒者等の確保・育成に加えて、民間企業等における多様な経験や高度な専門性を有する人材をより一層公務に誘致することが不可欠な状況にある。

　このような中、国家公務員として働く魅力や採用プロセス等を民間転職情報サイトに掲載し、情報発信を行うとともに、民間就職支援会社が開催する転職希望者向けの説明会にも出展し、これまで国家公務員への転職を検討してこなかった層も対象に人材確保のための活動を行った。

表1-1　令和5年度人材確保のための活動の実施状況

開催イベント	開催時期	実施回数	参加者数
公務研究スタートダッシュ	令和5年6月3日（土）	1回（対面）	約700人
WEB公務研究セミナー	令和5年9月16日（土）、17日（日）	1回（WEB）	延べ　約11,200人 アーカイブ公開
公務研究セミナー（本府省） 〃　　　　　（地方機関）	令和5年9月〜 令和5年12月	7地区8回（対面） 5地区18回（対面及びWEB）	約2,500人 延べ　約5,600人
公務研究セミナーin霞が関	令和5年11月29日（水）・30日（木）・12月1日（金）	本府省1回（対面及びWEB）	延べ　約3,700人
申込直前WEB公務研究セミナー	令和6年1月20日（土）、21日（日）	1回（WEB）	延べ　約3,800人 アーカイブ公開
WEB国家公務員テーマ別クロストーク	令和5年8月〜 令和6年2月	10回（WEB）	延べ　約3,600人 アーカイブ公開
WEB国家公務員セミナー	令和5年4月〜9月、令和6年2月	2地区8回（WEB）	約800人
国家公務員OPENゼミ	（理系学生限定） 令和5年8月・9月、令和6年1月・2月	2回（対面及びWEB）	延べ　約1,800人
	（文理対象） 令和5年9月	1回（対面及びWEB）	延べ　約2,400人
霞が関OPENゼミ 地方機関OPENゼミ	令和6年3月 令和6年2月・3月	1回（対面及びWEB） 9地区9回（対面及びWEB）	延べ　約6,300人 延べ　約16,400人
各地方事務局（所）主催のその他のイベント	随時	7地区20回（対面及びWEB）	約2,800人
経験者採用試験WEB合同業務説明会	令和5年7月	1回（WEB）	延べ　約1,500人 共催する内閣人事局からアーカイブ公開
国家公務員中途採用WEB説明会	令和6年3月	1回（WEB）	延べ　約140人

その他	開催時期	実施回数	参加者数等
大学等主催就職ガイダンスへの登壇	随時	105大学等124回（対面及びWEB）	約5,300人 大学においてアーカイブ公開
民間企業主催 合同説明会・WEBセミナーへの登壇	随時	41回（対面及びWEB） ※うち転職希望者向け5回（対面）	延べ　約6,900人 ※うち転職希望者向け 約220人 コンテンツにより主催企業からアーカイブ公開
メールマガジンの配信		週1回程度	有効配信数 約10,900人／回
インスタグラム、X（旧ツイッター）、YouTube及びThreadsの配信		随時	—

公務研究スタートダッシュ

　公務研究スタートダッシュは、本年度から開始した取組である。国家公務員という職業が、学生にとって将来について考える際の選択肢となるよう大学2年生以下を主な対象とし、就職活動を始める前の階層に公務の魅力を知ってもらうことを目的とするものである。

　本年度は、6月に対面形式で実施し、33府省56名の職員が異なる府省同士でペアを組み、国家公務員を目指すこととなったきっかけや休日や勤務時間外の過ごし方などを参加者に伝えた。

WEB公務研究セミナー・公務研究セミナー

　公務研究セミナーは、国家公務員の仕事や各府省の業務概要、直面する政策課題（現在の取組、今後の展望等）の説明、仕事のやりがい、職場の状況等の紹介を通じて、国家公務員の仕事の魅力や勤務の実情等について理解を深めてもらい、学生の職業観の育成を図りつつ、公務に関心を持ってもらうことを目的とするものである。

　本年度は、9月のオンライン形式での実施を皮切りに、12月にかけて全国主要都市において対面形式で実施するとともに、新たに総合職春試験の申込受付直前である1月に、オンライン形式で実施した。

公務研究セミナーin霞が関・霞が関OPENゼミ

　公務研究セミナーin霞が関及び霞が関OPENゼミは、中央省庁の職場を開放して実際にその仕事ぶりを見学し、業務説明や職員との意見交換等の機会を持つことを通じて、公務への理解と関心を高め、国家公務員志望者を増やすことを目的とするものである。

　本年度は、対面形式を基本としつつ、府省によっては遠方からも参加できるようオンライン形式を併用して実施した。

WEB国家公務員テーマ別クロストーク

　WEB国家公務員テーマ別クロストークは、令和3年度から開始した取組である。国家公務員志望者等が関心を持ちやすいようなテーマを毎回設定して、各府省の若手や中堅の職員を交え、様々な角度から国家公務員の仕事の魅力を伝えることにより、公務に関心を持ってもらうことを主な目的とするものである。本年度は、8月から2月にかけて、計10回、学生等が視聴しやすい夕方から夜の時間帯にオンラインでライブ配信し、質疑応答パートなど視聴者参加型で実施した。

国家公務員OPENゼミ

　国家公務員OPENゼミは、理系学生を対象とする技術×国家公務員仕事OPENとして令和3年度から開始した取組であり、本年度は理系学生を対象にしたOPENゼミのほか、新たに文系学生も対象に含めたOPENゼミも実施した。国家公務員が活躍する職場を直接訪問し、実際の仕事の見学・体験や職員との座談会などにより、仕事の魅力をリアルに体感しつつ、国家公務員の業務に関心を持ってもらうことを主な目的とするものである。

　本年度は、中央省庁及び地方機関において、対面形式を基本としつつ、府省によっては遠方からも参加できるようオンライン形式を併用して実施した。

公共政策大学院及び法科大学院の学生を対象とした人材確保のための活動

1　インターンシップ

　公共政策大学院及び法科大学院の学生に政策決定等の行政実務に係る就業体験の機会を付与することを通じて、大学院教育に協力するとともに、行政に対する理解を深めてもらうことを目的として、本年度は、7月から9月までに公共政策大学院6大学院39人が11府省、法科大学院6大学院11人が5府省で1〜2週間の実習を実施した。

2　就職指導担当教員との意見交換会

　公共政策大学院教員・法科大学院それぞれの就職指導担当教員と公務における人材確保等について意見交換を実施した。

（参考：総合職試験（事務系区分）における公共政策大学院・法科大学院出身者数）

		申込者数		合格者数		採用者数	
総合職試験（事務系区分）の合計	令和4年度	13,905人	(100.0%)	1,148人	(100.0%)	417人	(100.0%)
	令和5年度	14,541人	(100.0%)	1,292人	(100.0%)	423人	(100.0%)
公共政策大学院	令和4年度	90人	(0.6%)	48人	(4.2%)	29人	(7.1%)
	令和5年度	83人	(0.6%)	44人	(3.4%)	20人	(4.7%)
法科大学院	令和4年度	160人	(1.2%)	50人	(4.4%)	15人	(3.2%)
	令和5年度	125人	(0.9%)	36人	(2.8%)	7人	(1.7%)

（注）　1　「事務系区分」とは、行政、法務、政治・国際、法律、経済及び教養区分である。
　　　　2　公共政策大学院には、専門職大学院以外の公共政策系大学院を含む。
　　　　3　採用者数は、各年度の翌年度における採用者数（過年度合格者を含む。）であり、特別職の採用を含む。
　　　　4　令和5年度の採用者数は令和6年4月1日現在のものである。
　　　　5　公共政策大学院・法科大学院出身者には、在学者を含む。ただし、総合職試験（院卒者試験）は修了者及び修了見込み者に限る。

ホームページ、メールマガジン、各種SNSの活用

　多様で有為な人材を確保するためには、より多くの学生等に国家公務員に関心を持ってもらい、国家公務員採用試験を受験してもらうことが必要であることから、学生等が手軽に情報を入手できるよう、次のような媒体を活用し、国家公務員採用試験情報、試験合格から採用までの手続、説明会・セミナーなどに関する情報を発信している。

◎　ホームページ「国家公務員試験採用情報NAVI」

　学生等が国家公務員採用試験や採用試験合格後の採用手続、説明会、セミナーに関する情報などを入手しやすいよう、これらの情報を集約したWEBページ「国家公務員試験採用情報NAVI」を人事院ホームページ上で展開している。

◎　メールマガジン「国家公務員試験採用情報NEWS」

　WEB上で配信登録をした学生等に対し、採用試験日程、説明会・セミナー等の情報などを週1回程度配信している。

◎　インスタグラム「国家公務員試験採用情報Instagram」

　学生等に対し、各府省に勤務する国家公務員からのメッセージ、国家公務員の採用に関する情報などを随時発信している。

◎　X（旧ツイッター）「国家公務員試験採用情報X」

◎　Threads「国家公務員試験採用情報Threads」

　学生等に対し、国家公務員採用試験日程、説明会・セミナー等に関する情報のほか、上記のインスタグラムにおいて発信した内容の紹介などを随時発信している。

◎　YouTube「国家公務員試験採用情報チャンネル」

　学生等に対し、国家公務員の採用に関する情報や各府省職員が出演する国家公務員の魅力や実態に関する動画などを、YouTube「国家公務員試験採用情報チャンネル」により随時発信している。

第2節　採用試験

1　2023年度における採用試験の実施

（1）採用試験の種類

　　人事院が試験機関として自ら実施した2023年度の採用試験は、30種類32回である。このほか、人事院の指定に基づき、外務省が試験機関として実施した外務省専門職員採用試験がある（表1-2）。

　　30種類の内訳は、①政策の企画及び立案又は調査及び研究に関する事務をその職務とする係員を採用する総合職試験（院卒者試験及び大卒程度試験の2種類）、②政策の実行やフォローアップなどに関する事務をその職務とする係員を採用する一般職試験（大卒程度試験、高卒者試験及び社会人試験（係員級）の3種類）、③特定の行政分野に係る専門的な知識を必要とする事務をその職務とする係員を採用する専門職試験（国税専門官採用試験、労働基準監督官採用試験等の16種類）、④民間企業における実務の経験その他これに類する経験を有する者を係長以上の官職へ採用する経験者採用試験（2023年度に新設した国土交通省経験者採用試験（係長級（事務））を含め9種類）である。

（2）採用試験の周知

　　人事院が試験機関として実施する2023年度の採用試験全体の施行計画については、令和5年2月1日に官報公告を行った後、各採用試験の詳細について、受験申込みの受付期間を考慮し、30種類32回の採用試験を5回に分けて官報により告知した。また、人事院のホームページなどで採用試験について情報提供を行うとともに、ポスター、採用試験の概要等の募集資料の掲示・配布を全国の大学、高等学校等に依頼し、積極的な採用試験の周知を図った。

表1-2　国家公務員採用試験実施状況一覧

（その1）試験機関が人事院であるもの

2023年度

（単位：人、倍）

試験の程度	試験の種類		申込者数（A）	うち女性数	合格者数（B）	うち女性数	倍率（A／B）
大学（大学院）卒業程度	総合職試験		18,386	7,573	2,450	821	7.5
		院 卒 者 試 験	1,486	505	667	234	2.2
		大 卒 程 度 試 験（教養区分を除く。）	12,886	5,412	1,360	449	9.5
		大 卒 程 度 試 験（ 教 養 区 分 ）	4,014	1,656	423	138	9.5
	一般職試験	大 卒 程 度 試 験	26,319	10,910	8,269	3,336	3.2
	専門職試験	皇 宮 護 衛 官（大卒程度試験）	856	272	59	17	14.5
		法 務 省 専 門 職 員（ 人 間 科 学 ）	1,990	884	472	215	4.2
		財 務 専 門 官	2,986	1,293	560	242	5.3
		国 税 専 門 官	14,093	5,837	3,274	1,416	4.3
		食 品 衛 生 監 視 員	420	273	93	66	4.5
		労 働 基 準 監 督 官	2,957	1,157	413	161	7.2
		航 空 管 制 官	795	397	94	50	8.5
		海 上 保 安 官	529	107	82	13	6.5
	経 験 者 採 用 試 験（9種類）		1,699	459	152	44	11.2
	計		71,030	29,162	15,918	6,381	4.5
高等学校卒業程度	一般職試験	高 卒 者 試 験	9,889	3,688	3,407	1,289	2.9
		社 会 人 試 験（係員級）	309	49	66	11	4.7
	専門職試験	皇 宮 護 衛 官（高卒程度試験）	301	115	23	7	13.1
		刑 務 官	3,797	924	1,026	261	3.7
		入 国 警 備 官	1,568	493	263	94	6.0
		税 務 職 員	4,952	1,634	1,367	554	3.6
		航 空 保 安 大 学 校 学 生	300	109	120	43	2.5
		気 象 大 学 校 学 生	289	78	58	16	5.0
		海 上 保 安 大 学 校 学 生	364	90	101	32	3.6
		海 上 保 安 学 校 学 生	3,140	551	665	127	4.7
		海 上 保 安 学 校 学 生（ 特 別 ）	3,837	1,057	1,225	395	3.1
	計		28,746	8,788	8,321	2,829	3.5
合計			99,776	37,950	24,239	9,210	4.1

（その2）試験機関が外務省であるもの

（単位：人、倍）

試験の程度	試験の種類	申込者数（A）	うち女性数	合格者数（B）	うち女性数	倍率（A／B）
大学卒業程度	外務省専門職員	273	145	60	35	4.6

（その3）総合計

（単位：人、倍）

試験の程度	申込者数（A）	うち女性数	合格者数（B）	うち女性数	倍率（A／B）
大学（大学院）卒業程度	71,303	29,307	15,978	6,416	4.5
高等学校卒業程度	28,746	8,788	8,321	2,829	3.5
総 合 計	100,049	38,095	24,299	9,245	4.1

（その1）試験機関が人事院であるもの
2022年度

（単位：人、倍）

試験の程度	試験の種類		申込者数（A）	うち女性数	合格者数（B）	うち女性数	倍率（A／B）
大学（大学院）卒業程度	総合職試験		18,295	7,481	2,137	662	8.6
		院卒者試験（法務区分を除く。）	1,656	495	618	176	2.7
		院卒者試験（法務区分）	13	3	9	2	1.4
		大卒程度試験（教養区分を除く。）	13,674	5,821	1,255	397	10.9
		大卒程度試験（教養区分）	2,952	1,162	255	87	11.6
	一般職試験	大卒程度試験	28,103	11,612	8,156	3,271	3.4
	専門職試験	皇宮護衛官（大卒程度試験）	857	246	23	5	37.3
		法務省専門職員（人間科学）	2,112	902	493	227	4.3
		財務専門官	2,501	1,067	632	281	4.0
		国税専門官	14,867	6,168	4,106	1,869	3.6
		食品衛生監視員	402	223	104	64	3.9
		労働基準監督官	2,922	1,150	463	182	6.3
		航空管制官	808	355	85	42	9.5
		海上保安官	622	102	63	9	9.9
	経験者採用試験（8種類）		1,922	515	153	34	12.6
	計		73,411	29,821	16,415	6,646	4.5
高等学校卒業程度	一般職試験	高卒者試験	11,191	4,058	3,333	1,237	3.4
		社会人試験（係員級）	299	51	44	8	6.8
	専門職試験	皇宮護衛官（高卒程度試験）	405	124	13	5	31.2
		刑務官	4,115	942	1,045	269	3.9
		入国警備官	1,822	556	174	54	10.5
		税務職員	6,523	2,078	1,656	685	3.9
		航空保安大学校学生	390	155	120	46	3.3
		気象大学校学生	254	83	29	8	8.8
		海上保安大学校学生	469	126	85	20	5.5
		海上保安学校学生	3,573	613	647	101	5.5
		海上保安学校学生（特別）	6,067	1,492	1,026	275	5.9
	計		35,108	10,278	8,172	2,708	4.3
合計			108,519	40,099	24,587	9,354	4.4

（その2）試験機関が外務省であるもの

（単位：人、倍）

試験の程度	試験の種類	申込者数（A）	うち女性数	合格者数（B）	うち女性数	倍率（A／B）
大学卒業程度	外務省専門職員	335	180	55	30	6.1

（その3）総合計

（単位：人、倍）

試験の程度	申込者数（A）	うち女性数	合格者数（B）	うち女性数	倍率（A／B）
大学（大学院）卒業程度	73,746	30,001	16,470	6,676	4.5
高等学校卒業程度	35,108	10,278	8,172	2,708	4.3
総合計	108,854	40,279	24,642	9,384	4.4

（3）採用試験の方法

　　採用試験は、受験者がそれぞれの試験の対象となる官職の職務を遂行する上で発揮することが求められる能力及び適性を有するかどうかを相対的に判定することを目的としている。

　　そのため、官職の職務遂行に求められる知識、技術、その他の能力及び適性を検証する方法として、基礎能力試験、専門試験、人物試験等の試験種目のうちから、それぞれの採用試験に効果的な試験種目を組み合わせて実施している。

　　例えば、総合職試験の大卒程度試験においては、国家公務員として必要な基礎的な知能及び知識をみるための「基礎能力試験」、必要な専門知識及び技術等をみるための「専門試験」、政策の企画立案に必要な能力、総合的な判断力及び思考力等をみるための「政策論文試験」をそれぞれ筆記試験により行い、さらに、人柄、対人的能力等をみるための「人物試験」を個別面接により行っている。また、総合職試験の院卒者試験では、「政策論文試験」に替えて、課題に対するグループ討議を通してプレゼンテーション能力やコミュニケーション力等をみるための「政策課題討議試験」を行っている。

　　こうした試験種目のうち、専門性の高い試験種目の内容については、試験専門委員として委嘱した大学の教員及び専門知識を有する各府省の職員等とともに検討を重ねた上で決定している。

　　また、採用試験の実施後は、その結果分析を通じて試験方法の検討を行うほか、必要に応じて各学校における教科内容の実態調査を実施するなど、採用試験の妥当性及び信頼性を高めるよう常に研究を行っている。

（4）実施状況

ア　概況

　　2023年度に実施した採用試験の状況は、表1－2に示したとおりである（資料1－1）。

　　総合職試験（院卒者試験）は、対象となる官職に必要とされる専門知識等に応じて9の区分試験に分けて実施した。また、総合職試験（大卒程度試験）は12区分、一般職試験（大卒程度試験）は10区分、法務省専門職員（人間科学）採用試験は7区分、国税専門官採用試験は理工・デジタル系の「国税専門B」区分を2023年度より新設して2区分、労働基準監督官採用試験は2区分、一般職試験（高卒者試験）は4区分、一般職試験（社会人試験（係員級））は2区分、刑務官採用試験は6区分、入国警備官採用試験及び航空保安大学校学生採用試験は2区分、海上保安学校学生採用試験は5区分、国土交通省経験者採用試験（係長級（技術））は2区分の試験に分けて、それぞれ実施した（資料1－2－1、1－2－2、1－3～1－9、1－11～13）。

　　さらに、一般職試験（大卒程度試験）のうち「行政」の区分試験、一般職試験（高卒者試験）のうち「事務」及び「技術」の区分試験、一般職試験（社会人試験（係員級））のうち「技術」の区分試験、刑務官採用試験及び税務職員採用試験については、合格者の地域的偏在を防ぎ、各地域に所在する官署からの採用に応じられるように、地域別の試験に分けて実施した（資料1－3、1－7－1、1－7－2、1－8、1－10）。

　　全採用試験（外務省の実施する試験を含む。）の申込者総数は100,049人で、前年度に比べると8,805人（8.1％）減少した。このうち、大学・大学院卒業程度の試験は

71,303人で、前年度に比べ2,443人（3.3%）減少した。また、高等学校卒業程度の試験は28,746人で、前年度に比べ6,362人（18.1%）減少した。

全採用試験の合格者総数は24,299人で、前年度に比べ343人（1.4%）減少した。

申込者数が合格者数の何倍かを示す比率（以下「倍率」という。）は、表1－2のとおりである。その内訳は、大学・大学院卒業程度の試験が4.5倍（前年度4.5倍）、高等学校卒業程度の試験が3.5倍（前年度4.3倍）であった。

図1-1　国家公務員採用試験申込者数（Ⅰ種・Ⅱ種・Ⅲ種（平成23年度まで）及び総合職・一般職（大卒・高卒））の推移

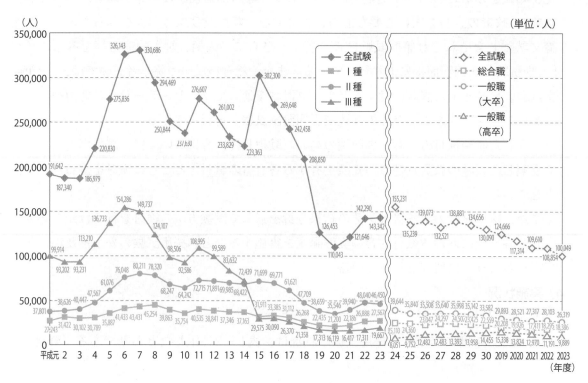

イ　試験の種類別等の状況

（ア）総合職試験

① 表1－2のとおり春に実施した総合職試験の申込者数は、院卒者試験が1,486人で前年度に比べ170人（10.3%）の減少、大卒程度試験（教養区分を除く。以下①において同じ。）が12,886人で788人（5.8%）の減少、全体では14,372人で958人（6.2%）の減少となった。

女性の申込者数は、院卒者試験が505人、大卒程度試験が5,412人で、全体では5,917人となった。

合格者数は、院卒者試験が667人、大卒程度試験が1,360人で、全体では2,027人で前年度に比べ154人（8.2%）の増加となった。

女性の合格者数は、院卒者試験が234人、大卒程度試験が449人で、全体では683人となった。また、合格者に占める女性の割合は、院卒者試験が35.1%、大卒程度試験が33.0%で、全体では33.7%となった。

申込者数及び合格者数について、国・公・私立別の出身大学（大学院を含む。）別の割合で見ると、それぞれ国立大学45.2%及び63.7%、公立大学5.8%

及び4.2％、私立大学47.5％及び31.3％、その他外国の大学等1.4％及び0.7％であった（資料1－15）。

②　表1－2のとおり秋に実施した大卒程度試験「教養区分」の申込者数は4,014人で、前年度に比べ1,062人（36.0％）増加し、合格者数は423人で、前年度に比べ168人（65.9％）増加した。

　　女性の申込者数は1,656人で、前年度に比べ494人（42.5％）増加し、申込者全体に占める割合も41.3％で1.9ポイント上昇した。女性の合格者数は138人で、前年度に比べ51人（58.6％）増加し、合格者に占める割合は32.6％で1.5ポイント低下した。

　　なお、従来秋に実施していた院卒者試験「法務区分」は、司法試験の日程の変更を踏まえ、2024年度から春に実施することとし、2023年度は実施しなかった。

（イ）一般職試験（大卒程度試験）

①　表1－2のとおり申込者数は26,319人で、前年度に比べ1,784人（6.3％）減少し、合格者数は8,269人で、前年度に比べ113人（1.4％）増加した。

　　女性の申込者数は10,910人で、前年度に比べ702人（6.0％）減少し、申込者全体に占める割合は41.5％で0.2ポイント上昇した。また、女性の合格者数は3,336人で、前年度に比べ65人（2.0％）増加し、合格者に占める割合は40.3％で0.2ポイント上昇した。

②　申込者及び合格者を学歴別に見ると、大学卒業者等の占める割合は、申込者は90.8％で前年度に比べ0.8ポイント上昇し、合格者は91.6％で前年度に比べ1.6ポイント上昇した。大学院修了者等の占める割合は、申込者は5.6％で前年度に比べ0.8ポイント低下し、合格者は5.8％で前年度に比べ1.6ポイント低下した（資料1－16）。

③　申込者数及び合格者数について、国・公・私立別の出身大学（大学院を含む。）別の割合で見ると、それぞれ国立大学34.1％及び45.2％、公立大学7.6％及び8.2％、私立大学54.6％及び43.8％、その他3.8％及び2.7％であった（資料1－17）。

（ウ）一般職試験（高卒者試験）

①　表1－2のとおり申込者数は9,889人で、前年度に比べ1,302人（11.6％）減少したが、合格者数は3,407人となり、前年度に比べ74人（2.2％）増加した。

　　女性の申込者数は3,688人で、前年度に比べ370人（9.1％）減少したが、申込者全体に占める割合は37.3％で1.0ポイント上昇した。また、女性の合格者数は1,289人で、前年度に比べ52人（4.2％）増加し、合格者に占める割合は37.8％で0.7ポイント上昇した。

②　申込者及び合格者を学歴別に見ると、高等学校卒業者等の占める割合は、申込者は48.4％で前年度に比べ1.0ポイント上昇したが、合格者は42.9％で前年度に比べ1.1ポイント低下した。専修学校卒業者等の占める割合は、申込者は48.1％で前年度に比べ1.0ポイント低下したが、合格者は54.9％で前年度に比べ1.1ポイント上昇した（資料1－18）。

　　　　（エ）経験者採用試験

　　　　　　2023年度は、9種類の経験者採用試験を実施した。

　　　　　　表1−2のとおり申込者数は1,699人で、前年度に比べ223人（11.6％）減少し、合格者数は152人で、前年度に比べ1人（0.7％）減少した。

　　　　　　女性の申込者数は459人で、前年度に比べ56人（10.9％）減少し、申込者全体に占める割合は27.0％で0.2ポイント上昇した。また、女性の合格者数は44人で、前年度に比べ10人（29.4％）増加し、合格者に占める割合は28.9％で6.7ポイント上昇した。

　　　（オ）点字等による試験の実施

　　　①　点字による試験の実施は、総合職試験（大卒程度試験）の法律区分及び一般職試験（大卒程度試験）の行政区分を対象に措置することとしている。

　　　　　　また、視覚障害の程度によって、総合職試験、一般職試験、財務専門官採用試験、国税専門官採用試験、食品衛生監視員採用試験、労働基準監督官採用試験、税務職員採用試験及び気象大学校学生採用試験については、拡大文字による試験及び解答時間の延長等の措置を講じている。

　　　②　2023年度においては、点字試験を希望する申込者はいなかった。

　　　　　　拡大文字による試験と解答時間の延長の両方の措置を希望する申込者は総合職試験（大卒程度試験）、一般職試験（大卒程度試験）及び国税専門官採用試験で各1人であった。

　　　　　　また、拡大文字による試験を希望する申込者は総合職試験（大卒程度試験）、一般職試験（大卒程度試験）及び税務職員採用試験で各1人であった。

　　　　　　なお、以上のほか、身体の障害等がある受験者に対して、試験の公正な実施に支障を来さない範囲で、受験上の配慮として必要に応じ着席位置の変更等の措置を講じた。

ウ　インターネットによる受験申込み

　　インターネットによる受験申込みは、受験申込みの利便性の向上及び行政事務の効率化を図る観点から、平成16年度に航空管制官採用試験及び航空保安大学校学生採用試験で導入し、順次、対象を広げ、平成24年度からは、全ての試験においてインターネットによる受験申込みを導入した。

　　2023年度におけるインターネットによる申込者の割合は99.9％（院卒者・大卒程度試験99.9％、高卒程度試験99.9％）であった。

エ　委託試験の適正な実施

　　2023年度においても、公正かつ適正な採用試験の実施の確保のため、試験実施事務等を当該試験により職員を採用する府省に委託して行っている試験（以下「委託試験」という。）に対する総合的支援策を実施した。

　　具体的には、当該府省が実施する事前研修への人事院職員の講師派遣、総合職試験及び一般職試験（大卒程度試験）の第1次試験の試験係官に当該府省の職員を受け入れる実地研修を実施した。

② 2024年度採用試験の改善等

2023年度に実施した採用試験の結果や各府省からの要望等を踏まえ、2024年度国家公務員採用試験において以下のような取組を行うこととし、令和5年12月に2024年度国家公務員採用試験の施行計画を公表した。

（1）総合職春試験の日程前倒し

春に実施する総合職試験（院卒者試験・大卒程度試験）について、2023年度から2024年度にかけて段階的に試験日程の前倒しを行っており、2024年度は2023年度から3週間程度前倒しし、申込みの受付開始を2月5日、第1次試験を3月17日、最終合格発表を5月28日に行うこととした。

（2）総合職試験における人文系コースの創設等

幅広い専門分野の人材が受験しやすい試験の実現のため、人文系の専攻者が自らの専門分野を選択して受験できるように、2024年度の総合職試験から院卒者試験の「行政区分」に人文系コースを創設するとともに、大卒程度試験の「政治・国際区分」を「政治・国際・人文区分」に改編した。

（3）一般職試験（大卒程度試験）及び専門職試験（大卒程度試験）の日程前倒し

一般職試験（大卒程度試験）及び専門職試験（大卒程度試験）について、申込みの受付期間を33日間に拡大し、受付開始を2月22日に行うこととした（2023年度試験は3月1日からの20日間）。また、第1次試験及び第1次試験合格発表をそれぞれ1週間前倒しすることとした。

第3節　任用状況等

① 令和5年度における採用状況

職員の採用は、公開平等の競争試験によることが原則である。採用試験に合格した者は、採用試験ごとに作成される採用候補者名簿（以下「名簿」という。）に記載される。採用に当たっては、人事院が、任命権者の求めに応じ、名簿を示し、各府省等の任命権者は、名簿に記載された者の中から面接を行い、その結果を考慮して採用（以下「試験採用」という。）することとなる。令和5年度中の名簿からの採用は、その大半が令和4年度に実施した採用試験の結果に基づき作成された名簿から行われている。

他方、係員の官職以外の官職、教育職、医療職のように採用試験を実施していない官職及び原則として競争試験により採用することとされている官職のうち特別な知識、技術等を必要とする官職等については、競争試験以外の能力の実証に基づく試験の方法である選考による採用（以下「選考採用」という。）が行われている。

（1）採用候補者名簿からの採用

ア　総合職試験名簿からの採用状況

総合職試験（院卒者試験）及び総合職試験（大卒程度試験）の名簿（以下「総合職試験名簿」という。）からの令和5年度の採用者数は775人となっており、令和4年度における総合職試験名簿からの採用者数と比べると60人増加している（表1-3、表1-4、資料1-19-1、資料1-19-2）。

表1-3　採用候補者名簿からの採用等の状況

（単位：人）

試験の程度	採用候補者名簿	名簿作成日 （令和年月日）	名簿記載者数	採用者数	辞退・無応答者数
大学（大学院）卒業程度	2022年度　国家公務員総合職（院卒者）	令和4年6月20日 （法務区分は令和4年10月21日）	627 (178)	269 (92)	80 (21)
	2022年度　国家公務員総合職（大卒程度）	令和4年6月20日 （教養区分は令和4年12月14日）	1,510 (484)	506 (187)	204 (62)
	2022年度　国家公務員一般職（大卒程度）	令和4年8月16日	8,156 (3,271)	3,512 (1,441)	3,969 (1,595)
	2022年度　皇宮護衛官（大卒程度）	令和4年8月16日	23 (5)	11 (1)	12 (4)
	2022年度　法務省専門職員（人間科学）	令和4年8月16日	493 (227)	175 (82)	305 (138)
	2022年度　外務省専門職員	令和4年8月24日	55 (30)	55 (30)	0
	2022年度　財務専門官	令和4年8月16日	632 (281)	183 (79)	438 (202)
	2022年度　国税専門官	令和4年8月16日	4,106 (1,869)	1,198 (425)	2,733 (1,363)
	2022年度　食品衛生監視員	令和4年8月16日	104 (64)	39 (27)	52 (30)
	2022年度　労働基準監督官	令和4年8月16日	463 (182)	195 (79)	240 (95)
	2022年度　航空管制官	令和4年10月3日	85 (42)	71 (38)	9 (2)
	2022年度　海上保安官	令和4年8月16日	63 (9)	27 (2)	36 (7)
	2022年度　経験者（係長級（事務、技術）、外務省書記官級、国税調査官級）(注6)	令和4年11月18日及び令和4年12月22日	153 (34)	104 (26)	49 (8)
	計		16,470 (6,676)	6,345 (2,509)	8,127 (3,527)
高等学校卒業程度	2022年度　国家公務員一般職（高卒者）	令和4年11月15日	3,333 (1,237)	1,525 (575)	1,500 (531)
	2022年度　国家公務員一般職（社会人）	令和4年11月15日	44 (8)	19 (4)	15 (2)
	2022年度　皇宮護衛官（高卒程度）	令和4年11月22日	13 (5)	12 (5)	1
	2022年度　刑務官	令和4年11月22日	1,045 (269)	604 (119)	429 (147)
	2022年度　入国警備官	令和4年11月22日	174 (54)	75 (24)	99 (30)
	2022年度　税務職員	令和4年11月15日	1,656 (685)	873 (345)	764 (335)
	2022年度　航空保安大学校学生	令和4年12月20日	120 (46)	50 (16)	57 (26)
	2022年度　海上保安大学校学生	令和5年1月19日	85 (20)	53 (13)	32 (7)
	2022年度　海上保安学校学生	令和4年11月22日 （航空課程は令和5年1月19日）	647 (101)	343 (53)	297 (48)
	2022年度　気象大学校学生	令和5年1月19日	29 (8)	8 (4)	21 (4)
	2023年度　海上保安学校学生（特別）	令和5年7月28日	1,225 (395)	213 (28)	996 (365)
	計		8,371 (2,828)	3,775 (1,186)	4,211 (1,495)
合　　計			24,841 (9,504)	10,120 (3,695)	12,338 (5,022)

（注）1　（　）内は、女性を内数で示す。
　　　2　総合職、一般職（大卒程度）、国税専門官、労働基準監督官及び海上保安学校学生（特別）については、令和6年3月31日現在の状況である。
　　　3　総合職、一般職（大卒程度）、国税専門官、労働基準監督官及び海上保安学校学生（特別）以外については、名簿有効期間満了時の状況である。
　　　4　総合職、一般職（大卒程度）、国税専門官、労働基準監督官の採用者数は、過年度名簿等からの採用者を含む。
　　　5　上記のほか、防衛省（特別職）で、総合職（院卒者）23人（うち女性4人）、総合職（大卒程度）17人（同7人）、一般職（大卒程度）271人（同97人）、一般職（高卒者）303人（同127人）、一般職（社会人）8人（同2人）の採用者がいる。
　　　6　経験者（係長級（事務）の名簿作成日は令和4年11月18日及び令和4年12月22日、その他の経験者（係長級（技術）、外務省書記官級及び国税調査官級）の名簿作成日は令和4年12月22日である。

表1-4　国家公務員採用総合職試験の年度別、学歴別の合格者数及び採用者数

(単位：人、%)

			名簿作成年度 （採用年度）	国家公務員採用総合職試験						
				平成29年度 （平成30年度）	平成30年度 （令和元年度）	2019年度 （令和2年度）	2020年度 （令和3年度）	2021年度 （令和4年度）	2022年度 （令和5年度）	2023年度
学歴		項目								
大学院・大学	国立	合格者数		1,463 (72.2)	1,377 (70.5)	1,408 (71.9)	1,289 (67.9)	1,469 (71.4)	1,446 (67.7)	1,616 (66.0)
		採用者数		517 [78.2]	513 [74.8]	529 [75.0]	543 [75.1]	521 [72.7]	568 [73.3]	
	公立	合格者数		60 (3.0)	50 (2.6)	51 (2.6)	63 (3.3)	69 (3.4)	78 (3.6)	89 (3.6)
		採用者数		12 [1.8]	9 [1.3]	7 [1.0]	13 [1.8]	10 [1.4]	18 [2.3]	
	私立	合格者数		496 (24.5)	518 (26.5)	492 (25.1)	535 (28.2)	503 (24.5)	596 (27.9)	728 (29.7)
		採用者数		131 [19.8]	160 [23.3]	169 [24.0]	165 [22.8]	179 [25.0]	185 [23.9]	
	計	合格者数		2,019 (99.7)	1,945 (99.6)	1,951 (99.7)	1,887 (99.5)	2,041 (99.3)	2,120 (99.2)	2,433 (99.3)
		採用者数		660 [99.8]	682 [99.4]	705 [100.0]	721 [99.7]	710 [99.0]	771 [99.5]	
その他		合格者数		6 (0.3)	8 (0.4)	6 (0.3)	10 (0.5)	15 (0.7)	17 (0.8)	17 (0.7)
		採用者数		1 [0.2]	4 [0.6]	0 [0.0]	2 [0.3]	7 [1.0]	4 [0.5]	
合計		合格者数		2,025 (100.0)	1,953 (100.0)	1,957 (100.0)	1,897 (100.0)	2,056 (100.0)	2,137 (100.0)	2,450 (100.0)
		採用者数		661 [100.0]	686 [100.0]	705 [100.0]	723 [100.0]	717 [100.0]	775 [100.0]	

（注）1　（　　）内は、合格者総数に対する割合（%）を、[　　]内は、採用者総数に対する割合（%）を示す。
　　　2　「その他」は、短大・高専、外国の大学等である。
　　　3　国家公務員採用総合職試験は、院卒者試験（法務区分を含む。）及び大卒程度試験（教養区分を含む。）を合計した
　　　　　人数である。
　　　4　採用者数は、名簿作成年度の翌年度における採用者数である（過年度名簿等からの採用者を含む）。

イ　一般職試験名簿からの採用状況

　　一般職試験（大卒程度試験）名簿からの令和5年度の採用者数は3,512人となって
おり、令和4年度における一般職試験（大卒程度試験）名簿からの採用者数と比べる
と66人増加している（表1−3）。

　　また、2022年度一般職試験（高卒者試験）名簿からの採用者数は1,525人であり、
2021年度一般職試験（高卒者試験）名簿からの採用者数と比べると126人増加してい
る（表1−3）。

(2)　総合職試験相当の試験又は一般職試験相当の試験による採用

　　特許庁で採用する意匠学や農林水産省及び厚生労働省で採用する獣医学等の専門的知識
又は技術を必要とする官職については、採用予定数が少ないこと等から採用試験は行って
いないが、選考の一形態として総合職試験相当の試験又は一般職試験相当の試験を行って
いる。試験の内容及び方法は、総合職試験又は一般職試験とほぼ同様であり、人事院は、
基礎能力試験問題の提供、専門試験問題の作成指導等の援助を行っている。

　　令和5年度においては、総合職試験（院卒者試験）相当の試験として獣医学区分、総合
職試験（大卒程度試験）相当の試験として意匠学区分、一般職試験（大卒程度試験）相当

の試験として畜産、水産、船舶工学及び原子力工学の4区分について実施した（資料1－20－1）。

　なお、令和4年度に実施した総合職試験（院卒者試験）相当の試験により採用された者は21人、総合職試験（大卒程度試験）相当の試験により採用された者は3人、一般職試験（大卒程度試験）相当の試験により採用された者は48人となっている（資料1－20－2）。

❷ 「一般職の国家公務員の任用状況調査」の実施

　人事院では、一般職の国家公務員の任用実態を把握し、今後の任用施策等人事行政全般の検討に資するため、「一般職の国家公務員の任用状況調査」（以下「任用状況調査」という。）を毎年実施している。令和5年度における任用状況調査は、令和4年度に在職した一般職の国家公務員を対象として実施した。

（1）在職状況

　令和5年1月15日現在の一般職の職員（休職者、専従休職者、国際機関等派遣職員、交流派遣職員、育児休業職員及び再任用フルタイム勤務職員を含み、検察官、臨時的任用の職員、常勤労務者及び非常勤職員を除く。）の在職者数（同日付けで辞職した者を除く。）は284,927人であり、前年と比べ822人の増加となっている。

　このうち、給与法適用職員は275,561人（前年比607人増）、行政執行法人職員は7,017人（前年比40人減）となっている（図1－2）。

　また、在職者を男女別に見ると、男性は219,053人、女性は65,874人であり、その構成比は男性76.9％、女性23.1％となっている。

図1-2　職員の俸給表別在職状況 （令和5年1月15日現在）

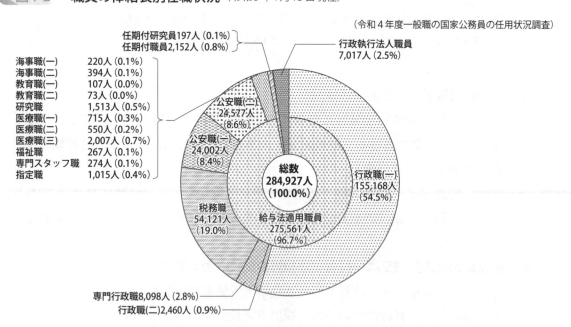

（令和4年度一般職の国家公務員の任用状況調査）

　在職者のうち、採用試験により採用された者（以下「試験任用者」という。）の総数は239,615人（男性183,407人、女性56,208人）である。これを試験の種類別に見ると、総合職試験（院卒者試験）による者は1,921人（試験任用者全体の0.8％）、総合職試験（大卒程度試験）による者は3,611人（同1.5％）、一般職試験（大卒程度試験）による者は25,878

人（同10.8％）、一般職試験（高卒者試験）による者は9,108人（同3.8％）、一般職試験（社会人試験（係員級））による者は40人（同0.0％）、専門職試験（大卒程度試験）による者は16,496人（同6.9％）、専門職試験（高卒程度試験）による者は16,582人（同6.9％）、経験者採用試験による者は1,408人（同0.6％）、Ⅰ種試験及びこれに相当する試験による者は10,962人（同4.6％）、Ⅱ種試験及びこれに相当する試験による者は48,336人（同20.2％）、Ⅲ種試験及びこれに相当する試験による者は86,870人（同36.3％）、上級乙種試験及びこれに相当する試験による者は17,713人（同7.4％）、中級試験及びこれに相当する試験による者は690人（同0.3％）となっている。在職者総数に対する試験任用者の割合は84.1％であり、前年度に比べ0.4ポイント低くなっている。

　また、給与法適用職員のうち、試験採用を行っている俸給表の適用職員について試験任用者の割合を見ると、在職者が最も多い行政職俸給表（一）では89.6％で、前年度に比べ0.6ポイント低くなっている。

　その他の俸給表における試験任用者の割合は、専門行政職俸給表69.8％、税務職俸給表95.7％、公安職俸給表（一）72.5％、公安職俸給表（二）88.6％、研究職俸給表36.8％となっている。

（2）採用状況

　令和4年度における採用者総数は、22,543人（男性16,048人、女性6,495人）であり、令和3年度に比べ355人増加（男性278人、女性77人）している。採用者総数のうち、試験採用者は10,097人、選考採用等試験採用以外の採用者は12,446人（うち、再任用2,699人、任期付採用2,904人、特別職職員、地方公務員、行政執行法人職員以外の独立行政法人職員、国立大学法人職員又は大学共同利用機関法人職員及び公庫、公団又は事業団等職員（特・地・公等）からの人事交流による採用4,841人、国の機関におけるその他の選考採用1,861人、行政執行法人におけるその他の選考採用141人）となっている（図1－3）。

図1-3　令和4年度における職員の採用状況

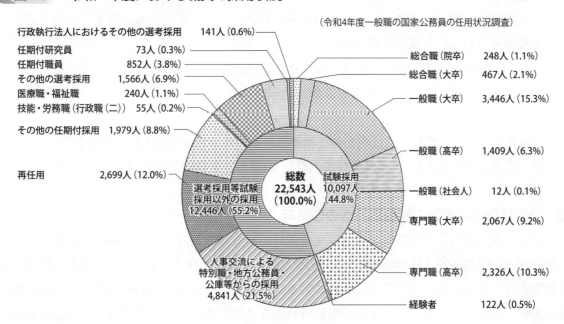

（令和4年度一般職の国家公務員の任用状況調査）

行政執行法人におけるその他の選考採用	141人（0.6％）
任期付研究員	73人（0.3％）
任期付職員	852人（3.8％）
その他の選考採用	1,566人（6.9％）
医療職・福祉職	240人（1.1％）
技能・労務職（行政職（二））	55人（0.2％）
その他の任期付採用	1,979人（8.8％）
再任用	2,699人（12.0％）
総合職（院卒）	248人（1.1％）
総合職（大卒）	467人（2.1％）
一般職（大卒）	3,446人（15.3％）
一般職（高卒）	1,409人（6.3％）
一般職（社会人）	12人（0.1％）
専門職（大卒）	2,067人（9.2％）
専門職（高卒）	2,326人（10.3％）
経験者	122人（0.5％）

総数 22,543人（100.0％）
試験採用 10,097人（44.8％）
選考採用等試験採用以外の採用 12,446人（55.2％）
人事交流による特別職・地方公務員・公庫等からの採用 4,841人（21.5％）

第1編　第2部　令和5年度業務状況

最近5年間の採用者総数を男女別構成比で見ると、女性の割合は徐々に増加しているが、令和4年度は28.8%で、前年度に比べ0.1ポイント低くなっている（図1−4）。

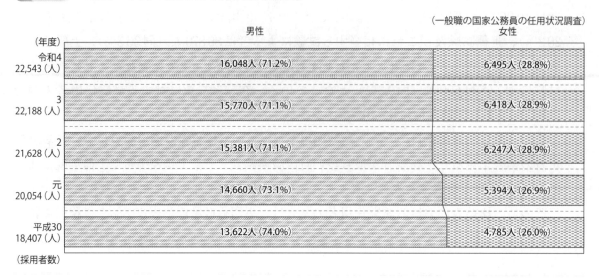

図1-4　最近5年間の採用者の男女別構成比

（一般職の国家公務員の任用状況調査）

（年度）	男性	女性
令和4 22,543（人）	16,048人（71.2%）	6,495人（28.8%）
3 22,188（人）	15,770人（71.1%）	6,418人（28.9%）
2 21,628（人）	15,381人（71.1%）	6,247人（28.9%）
元 20,054（人）	14,660人（73.1%）	5,394人（26.9%）
平成30 18,407（人）	13,622人（74.0%）	4,785人（26.0%）

（採用者数）

令和4年度の試験採用者を採用試験の種類別で見ると、総合職試験（院卒者試験）による者は248人（試験採用者全体の2.5%）、総合職試験（大卒程度試験）による者は467人（同4.6%）、一般職試験（大卒程度試験）による者は3,446人（同34.1%）、一般職試験（高卒者試験）による者は1,409人（同14.0%）、一般職試験（社会人試験（係員級））による者は12人（同0.1%）、専門職試験（大卒程度試験）による者は2,067人（同20.5%）、専門職試験（高卒程度試験）による者は2,326人（同23.0%）、経験者採用試験による者は122人（同1.2%）となっている。給与法適用職員について見ると、試験採用者は10,029人となっている。

（3）離職状況

離職とは、職員が職員としての身分を失うことをいい、定年退職、辞職（人事交流によるものを含む。）、免職、失職等である。

令和4年度の離職者総数は21,873人であり、前年度に比べ702人増加している。このうち、給与法適用職員は20,757人（前年度比630人増）、行政執行法人職員は399人（同34人減）となっている。

離職率（令和4年1月15日現在の在職者数に対する令和4年度中の離職者数の割合）は、給与法適用職員で7.5%、行政執行法人職員で5.7%、全職員で7.7%となっている。

3　特定官職（本府省の課長等）への任命等

本府省の課長相当以上の官職及び地方支分部局、施設等機関等のこれと同等の官職並びに行政執行法人の官職のうち人事院の定める官職（以下「特定官職」という。）に昇任、採用、配置換等を行う場合には、その職責の高さに鑑み、情実人事を求める圧力や働きかけその他の不当な影響を受けることなく、公正に任用が行われる必要があるため、職務遂行に必要な知識、経験、管理・監督能力等の有無を、経歴評定、人事評価の結果、その他客観的な判定方法により、公正に検証しなければならない。なお、特定官職のうち内閣による人事管理の一元化の対

象となる官職以外のものに選考採用する場合等には、あらかじめ人事院と協議することとされている。

　また、特定官職への採用、昇任等を行った場合（人事院にあらかじめ協議した場合を除く。）には、任命権者はその旨を人事院に報告することとされている。

　人事院が定める特定官職の総数は、令和6年3月31日現在2,595あり、令和5年度中における特定官職への採用、昇任等に係る各府省からの報告は710人、協議は1人である。その内訳は表1−5に示すとおりである。

表1-5　令和5年度特定官職（本府省課長等）への任命の報告・協議状況

（単位：人）

区分 ＼ 官職	次官級	本府省局長級	本府省審議官級	本府省課長級	計
採　用	1 0	10 0	35 1	35 0	81 1
昇　任	29 0	63 0	136 0	180 0	408 0
転　任	0 0	8 0	37 0	107 0	152 0
配置換	0 0	5 0	13 0	51 0	69 0
計	30 0	86 0	221 1	373 0	710 1

（注）　上段は「報告」、下段は「協議」の人数を示す。

4　幹部職員人事の一元管理

　「幹部職員の任用等に関する政令」（平成26年政令第191号）において、国家公務員でない者を採用する際の適格性審査に際し、「人事行政に関し高度の知見又は豊富な経験を有し、客観的かつ中立公正な判断をすることができる者の意見を聴くものとする」と規定されており、このような枠組みの下、内閣官房長官より、公務外からの採用者に関して、上記に該当する者として人事院人事官に見解を求められ、令和5年度においては1件について人事官が意見を述べた。

5　女性職員の採用・登用の拡大

　国の行政への女性の参画は、男女共同参画社会実現のために政府全体として積極的に取り組むべき重要な課題である。

　「第5次男女共同参画基本計画」において、政府全体の成果目標として、採用については、国家公務員採用試験からの採用者に占める女性の割合を毎年度35％以上、国家公務員採用総合職試験からの採用者に占める女性の割合を毎年度35％以上、国家公務員採用試験（技術系区分）からの採用者に占める女性の割合を2025年度までに30％とする目標が定められており、登用については、国家公務員の各役職段階に占める女性の割合を2025年度末までに、それぞれ本省係長相当職を30％、本省係長相当職のうち新たに昇任した職員を35％、地方機関課長・本省課長補佐相当職を17％、本省課室長相当職を10％、指定職相当を8％以上とする目標が定められている。

第1編
第2部
令和5年度業務状況

　また、女性職員の採用・登用の拡大については、内閣官房内閣人事局長を議長に全府省の事務次官等で構成される「女性職員活躍・ワークライフバランス推進協議会」において、具体的な施策を盛り込んだ「国家公務員の女性活躍とワークライフバランス推進のための取組指針」（令和6年1月改正）に基づき、政府全体で取組が進められている。

　一方、人事院においては、政府の取組と連携しつつ、「女性国家公務員の採用・登用の拡大等に向けて」（平成27年事務総長通知）に基づき、各府省における目標達成に向けた取組を支援している。

　このような状況の中、2023年度国家公務員採用試験の申込者に占める女性の割合については、総合職試験で41.2%、一般職試験（大卒程度）で41.5%と、いずれも過去最高の水準となった。採用については、図1−5のとおり、令和5年度の総合職試験（法務・教養区分を除く。）の採用者に占める女性の割合は35.5%であり、令和6年度の採用内定者は35.3%となっている。今後とも、優秀な女子学生等を公務に誘致するために、各府省と協力して行う人材確保策を強化していくことが重要である。

図1-5　Ⅰ種試験・総合職試験の申込者・合格者・採用者に占める女性の割合の推移

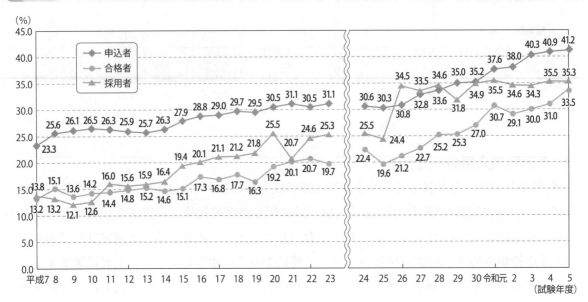

（注）　1　採用者は、各年度の翌年度における採用者（過年度合格者を含む。）の割合であり、平成24年度以降は特別職の採用を含む。
　　　　2　平成23年度まではⅠ種試験、平成24年度以降は総合職試験である。令和5年度の採用者数は法務区分及び教養区分を除く。
　　　　3　令和4年度は令和5年4月1日現在の採用者に占める割合、令和5年度は令和5年10月1日現在の採用内定者に占める割合である。

　また、管理職等への登用については、図1−6のとおり、程度の差があるものの、各役職段階において女性の占める割合が高まっている。今後とも、女性の採用拡大が女性職員の登用拡大につながるよう、各府省におけるより一層の取組強化が必要である。

図1-6　各役職段階に占める女性の割合（行政職俸給表（一）、指定職俸給表）

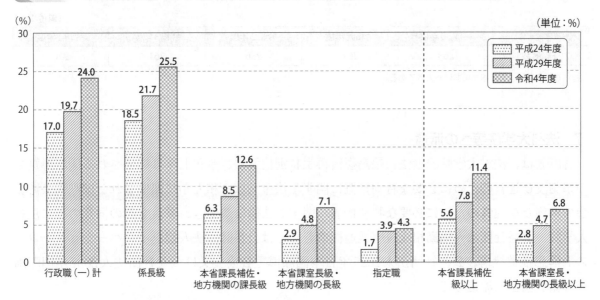

（注）1　人事院「一般職の国家公務員の任用状況調査報告」より作成
　　　2　各年度1月15日現在の割合
　　　3　係長級は行政職俸給表（一）3、4級、本省課長補佐・地方機関の課長級は同5、6級、本省課室長・地方機関の長級は同7～10級の適用者に占める女性の割合

　人事院では、各府省と連携して、女性の国家公務員志望者の拡大に向けた広報活動を行うとともに、管理職等へのアプローチや女性職員へのアプローチを通じて、意識改革のための研修や女性職員が働きやすい勤務環境の整備等を行っている。

　こうした取組を通じて、今後とも、女性職員の採用・登用の拡大に向けた各府省の具体的な取組を支援していくこととしている。

⑥　Ⅱ種・Ⅲ種等採用職員の幹部職員への登用

　意欲と能力のある優秀なⅡ種・Ⅲ種等採用職員の幹部職員への登用を着実に推進するため、各府省においては、「Ⅱ種・Ⅲ種等採用職員の幹部職員への登用の推進に関する指針」（平成11年事務総長通知）に基づき、「計画的育成者」の選抜、育成に努めており、従前Ⅰ種採用職員が就いていたポストへの任用や出向ポストの拡大等、各府省それぞれの実情に応じた取組がなされている。また、人事院においては、「計画的育成者」の登用に資することを目的として、行政研修（特別課程）を係員級、係長級及び課長補佐級に分けて実施している。令和5年度においては、係員級では26府省から93人、係長級では31府省から107人、課長補佐級では23府省から52人の参加があった。

　また、各府省の行政官を諸外国の政府機関等に派遣する研修制度である行政官短期在外研究員制度には、Ⅱ種・Ⅲ種等採用職員の登用を推進するための施策の一環として実施しているコースもあり、行政研修（係長級特別課程）の対象者である「計画的育成者」で、課長補佐級までの職員を対象としている。令和5年度は、4名を米国に派遣した。

　令和4年度末におけるⅡ種・Ⅲ種等採用職員の幹部職員（本府省課長級以上）の在職者数は、指定職23人、本府省課長等134人、地方支分部局長等45人、外務省（大使・総領事）68人で、計270人となっている（表1－6）。

　人事院は、これらの登用の状況を各府省に提供し、登用の啓発に努めている。

表1-6 Ⅱ種・Ⅲ種等採用職員の幹部職員（本府省課長級以上）の在職者数の推移

（単位：人）

	平成30年度	令和元年度	令和2年度	令和3年度	令和4年度
在職者数	263	267	256	261	270

（注）在職者数は、各年度末における人数である。

7 法科大学院等への派遣

　各府省は、法科大学院派遣法、福島復興再生特別措置法、令和七年に開催される国際博覧会の準備及び運営のために必要な特別措置に関する法律又は令和九年に開催される国際園芸博覧会の準備及び運営のために必要な特別措置に関する法律に基づき、職員をその同意の下に法科大学院、公益社団法人福島相双復興推進機構若しくは公益財団法人福島イノベーション・コースト構想推進機構、公益社団法人2025年日本国際博覧会協会又は公益社団法人2027年国際園芸博覧会協会に派遣している。

　令和5年度において法科大学院又は各法人に派遣された期間のある職員数は表1－7のとおりである。

表1-7 令和5年度に派遣された期間のある職員数

（単位：人）

派遣先		派遣された期間のある職員数
法科大学院		23（22）
うち	パートタイム型派遣	8（7）
	フルタイム型派遣	15（15）
公益社団法人福島相双復興推進機構		36
公益財団法人福島イノベーション・コースト構想推進機構		8
公益社団法人2025年日本国際博覧会協会		80
公益社団法人2027年国際園芸博覧会協会		13

（注）（　）内は、検察官の人数を内数で示す。

第4節　民間人材の採用の促進

　民間人材の公務における活用に関しては、①公務の活性化のための民間人材の採用、②任期を定めた職員の採用、③研究公務員の任期を定めた採用、④官民人事交流など多様な制度によりこれを実施している。

1　公務の活性化のための民間人材の採用

　規則1−24（公務の活性化のために民間の人材を採用する場合の特例）によって、部内の養成では得られない高度の専門性や多様な経験を有する民間の人材を円滑に採用し、公務の活性化に資するための弾力的な採用システムを設けている。

　対象となるのは、（1）実務経験等により高度の専門的な知識経験を有する民間の人材を採用する場合、（2）新規の行政需要に対応するため、実務経験等により公務に有用な資質等を有する民間の人材を採用する場合、（3）公務と異なる分野における多様な経験等を通じて公務に有用な資質等を有する民間の人材を採用する場合であり、具体的には、原子力に関する専門技術者、診療情報管理士、金融実務経験者等をこの制度により採用している。

　この制度による令和5年度の採用者数は表1−8のとおりである。

表1-8　民間人材の採用（規則1−24）に基づく採用状況

（単位：人）

府省名	採用者数					
	令和元年度	令和2年度	令和3年度	令和4年度	令和5年度	累計
人　　事　　院						3
内　閣　官　房						177
宮　内　庁	4	2	2	2	2	69
公正取引委員会			1	1	2	77
個人情報保護委員会	1			5	14	20
金　融　庁	3	5	2	1	1	265
消　費　者　庁		3				10
法　務　省		1	1			38
公安調査庁			23	19	15	86
外　務　省	5	2	6	3		219
財　務　省	1		8	6	1	152
国　税　庁						3
文　部　科　学　省	1					124
厚　生　労　働　省						9
農　林　水　産　省						51
水　産　庁						3
経　済　産　業　省						180
資源エネルギー庁						1
特　許　庁				2		2
中　小　企　業　庁						1
国　土　交　通　省	12	5	7	8	7	178
気　象　庁				27		27
環　境　省						1
原子力規制委員会	19	6	8	17	39	275
国　立　印　刷　局				1		1
（参考）家畜改良センター						1
（参考）国立病院機構						170
（参考）社会保険庁						59
（参考）日本郵政公社						254
合　　　計	46	24	58	92	81	2,436

（注）累計は制度発足時（平成10年4月1日施行）以降の累積数

2　任期を定めた職員の採用

　任期付職員法に基づく任期付職員制度は、試験研究機関の研究員等を除く一般職の職員について実施しているものであり、(1) 高度の専門的な知識経験又は優れた識見を有する者をその者が有する当該高度の専門的な知識経験又は優れた識見を一定の期間活用して遂行することが特に必要とされる業務に従事させる場合、(2) 専門的な知識経験を有する者を当該専門的な知識経験が必要とされる業務に期間を限って従事させることが公務の能率的運営を確保するために必要である場合の二つに分けて実施している。また、(1) の場合については、当該職員に対し、その高度の専門性等にふさわしい給与を支給できることとしている。

　この制度による採用に当たっては、高度な専門的知識経験等を有することについての適正な能力実証に加え、公募又は公募に準じた公正な手続を経ることが必要である。

　この制度による令和5年度の採用者数等は892人であり、幅広い府省において着実な活用が図られている（図1-7、表1-9）。

図1-7　任期付職員法に基づく採用状況

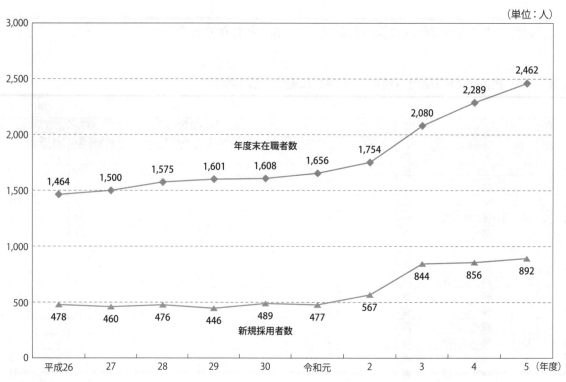

（注）在職者数は、各年度末における人数である。

表1-9　任期付職員法に基づく府省別採用状況

(単位：人)

府省名	令和5年度における採用官職の例 ※〔　〕内は令和4年度以前の採用官職の例	採用者数					
		令和元年度	令和2年度	令和3年度	令和4年度	令和5年度	累計
会 計 検 査 院	事務総長官房上席企画調査官付企画調査官	4	1	3	1	2	45
人 事 院	人材局研修推進課研修支援官	3	2	2	3	5	41
内 閣 官 房	内閣サイバーセキュリティセンター上席サイバーセキュリティ分析官	26	21	30	39	33	422
内 閣 府	参事官補佐（政策統括官（重要土地担当）付参事官（調査分析担当）付）	22	21	19	23	23	427
公 正 取 引 委 員 会	事務総局審査局第五審査審査専門官	1	5	7	5	23	124
個人情報保護委員会	事務局参事官補佐	3	12	9	8	14	57
カジノ管理委員会	〔事務局総務企画部企画課情報システム第三係長〕		8	2	1		11
金 融 庁	総合政策局リスク分析総括課金融証券検査官	77	105	81	88	106	1,516
消 費 者 庁	取引対策課消費者取引対策官	19	18	19	20	26	244
こ ど も 家 庭 庁	成育局保育政策課認可外保育施設担当室指導監査官					7	7
デ ジ タ ル 庁	統括官付参事官			6	4	5	15
復 興 庁	〔統括官付参事官付主査〕				4		6
総 務 省	国際戦略局参事官付参事官補佐	8	5	10	13	7	113
法 務 省	訟務局訟務支援課法務専門職	16	7	12	12	17	224
公 安 調 査 庁	〔公安調査専門職〕						1
外 務 省	国際法局経済条約課課長補佐	68	83	136	114	148	1,094
財 務 省	大臣官房企画官	20	15	16	16	9	379
国 税 庁	東京国税不服審判所国税審判官	18	21	14	24	17	272
文 部 科 学 省	国立教育政策研究所研究企画開発部情報支援課長	1	6	8	2	6	164
文 化 庁	国語課日本語教育調査官	2	2	1	4	1	15
ス ポ ー ツ 庁	参事官（国際担当）付専門職		1	2	4	3	14
厚 生 労 働 省	健康・生活衛生局食品基準審査課残留農薬等基準審査室残留農薬審査官	25	28	53	77	65	405
農 林 水 産 省	輸出・国際局知的財産課地理的表示審査官	4	16	24	21	12	113
林 野 庁	国有林野部経営企画課企画官（情報処理担当）					1	6
経 済 産 業 省	商務情報政策局コンテンツ産業課長補佐（産業活性化担当）	10	14	18	29	22	253
資源エネルギー庁	省エネルギー・新エネルギー部新エネルギーシステム課長	1	2	2	3	5	42
特 許 庁	審査第一部審査官	101	104	123	93	96	1,994
中 小 企 業 庁	事業環境部金融課長補佐（調査・国際担当）	4	2	1	8	3	28
国 土 交 通 省	不動産・建設経済局不動産市場整備課不動産投資市場整備室課長補佐	14	18	17	15	12	204
観 光 庁	〔観光産業課専門官〕	1	3	1			7
気 象 庁	情報基盤部情報通信基盤課技術専門官				3	2	5
運 輸 安 全 委 員 会	事務局鉄道事故調査官	2	4	2	4	4	49
海 上 保 安 庁	総務部秘書課メンタルヘルス対策官					3	4
環 境 省	水・大気環境局大気環境課課長補佐（越境大気汚染担当）	19	37	220	196	192	806
原 子 力 規 制 委 員 会	原子力規制庁長官官房法務部門訟務調整官	7	5	6	17	21	167
国 立 印 刷 局	IT企画推進室専門官	1			2	1	11
造 幣 局	事業部販売事業課海外販売室主事				1	1	5
製品評価技術基盤機構	〔化学物質管理センター安全審査課主任〕		1		2		3
(参考)国立環境研究所	〔地球環境研究センター主幹〕						1
(参考) 社会保険庁	〔総務部サービス推進課社会保険指導室特別社会保険指導官〕						1
(参考)日本郵政公社	〔コーポレートIT部門企画室企画役〕						9
合計		477	567	844	856	892	9,304

（注）累計は制度発足時（平成12年11月27日施行）以降の累積数

❸　研究公務員の任期を定めた採用

　任期付研究員法に基づく任期付研究員制度は、国の試験研究機関等で研究業務に従事する一般職の職員について、(1) 高度の専門的な知識経験を必要とする研究業務に従事させるため特に優れた研究者を採用する「招へい型」と、(2) 当該研究分野における先導的役割を担う有為な研究者となるために必要な能力のかん養に資する研究業務に従事させるため、独立して研究する能力があり、研究者として高い資質を有すると認められる若手研究者を採用する「若手育成型」の二つの場合に分けて実施している。

　この制度により、令和5年度は、招へい型として22人、若手育成型として36人の者が採用されている。

　なお、任期付職員法や任期付研究員法のほか、任期を定めた採用としては、規則8－12（職員の任免）第42条に基づき、(ア) 3年以内に廃止される予定の官職、(イ) 特別の計画に基づき実施される研究事業に係る5年以内に終了する予定の科学技術等に従事する官職に採用する場合がある。これによる令和5年度の採用者数は、(ア) については公共職業安定所の職員として20人、(イ) については採用実績はなかった。

❹　官民人事交流

　官民人事交流法に基づく官民人事交流制度は、公務の公正な運営を確保しつつ、民間企業と国の機関との人事交流を通じて、民間と国との相互理解を深めるとともに、組織の活性化と人材の育成を図ることを目的とする制度であり、(1) 府省の職員を民間企業に派遣する交流派遣と、(2) 民間企業の従業員を府省で任期を付して採用する交流採用の二つのケースがある。

　人事院は、官民人事交流法第23条第2項の規定に基づき、令和6年3月27日に令和5年における官民人事交流の状況を国会及び内閣に報告した。

　令和5年中に交流派遣職員であった者は99人、交流採用職員であった者は1,049人であり、令和3年から令和5年までの間に交流派遣後職務に復帰した職員は108人であった。

　また、令和5年における新たな交流派遣者数は30人、交流採用者数は363人であった（図1－8、表1－10）。

　さらに、経済団体等の協力を得て、内閣官房内閣人事局及び内閣府官民人材交流センターと共同して民間企業を対象とした説明会を、令和4年度に引き続き、東京において開催するとともに、令和5年11月20日から同年12月19日までの1か月、インターネットを利用した録画配信により実施した。また、令和5年度には初めて、オンラインによる各府省人事担当者と参加企業の人事担当者の間での意見交換を行った。

　加えて、制度のあらましと官民人事交流経験者や民間企業の人事担当者の体験談を紹介するパンフレットを、内閣官房内閣人事局及び内閣府官民人材交流センターと共同して作成し、各種説明会等の機会を通じて配布するなど、官民人事交流の推進に努めた。

図1-8　官民人事交流の実施状況

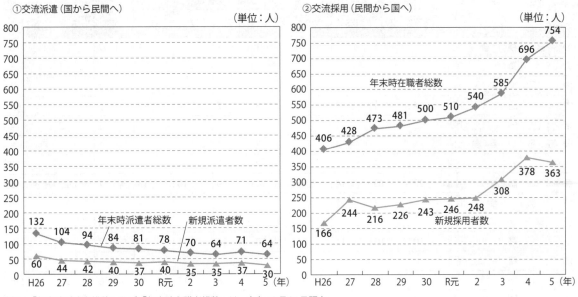

①交流派遣（国から民間へ）　　　（単位：人）

②交流採用（民間から国へ）　　　（単位：人）

（注）　「年末時派遣者総数」及び「年末時在職者総数」は、各年12月31日現在。

表1-10　府省別官民人事交流の実施状況

(1)　交流派遣

（単位：人）

府省名 ＼ 年（平成・令和）	交流派遣者数										
	H26	27	28	29	30	R元	2	3	4	5	累計
会 計 検 査 院		1	1	2	1	1		3		1	10
人 事 院										1	2
内 閣 官 房		1		1	1						3
内 閣 府	2	1	1		1		1	1	1	1	16
公 正 取 引 委 員 会						1					1
警 察 庁					1	1		1	1	1	5
金 融 庁	6	7	6	6	5	6	2	6	2	4	63
総 務 省	11	6	8	3	2	3	2	2	3	1	90
法 務 省											3
外 務 省						2					4
財 務 省					1	1	2		1	1	21
文 部 科 学 省	1	1			1	2	1	1			17
厚 生 労 働 省	9	7	8	7	8	5	7	2	5	4	81
農 林 水 産 省	7	2	1	2	2	2	3	1	4	2	60
林 野 庁	2	3	1	4		4		2		2	23
水 産 庁		1									1
経 済 産 業 省	10	3	8	5	6	3	6	4	8	3	149
資 源 エ ネ ル ギ ー 庁											1
特 許 庁	2	1	1	2	1	2	1		3	1	18
中 小 企 業 庁											1
国 土 交 通 省	9	9	7	6	5	6	9	6	5	3	203
観 光 庁											3
気 象 庁							1				1
海 上 保 安 庁								1		1	2
環 境 省	1	1		2		2	1	4	1	4	22
原 子 力 規 制 庁						1					1
(独)製品評価技術基盤機構									2		2
計	60	44	42	40	37	40	35	35	37	30	803

(2)　交流採用　　　　　　　　　　　　　　　　　　　　　　　　　　　　　　　　　　（単位：人）

府省名 \ 年（平成・令和）	H26	27	28	29	30	R元	2	3	4	5	累計
会 計 検 査 院		1			1	1		1	2		6
人 事 院									1		1
内 閣 官 房								1	1	1	3
内 閣 府	4	3	4	3	6	7	4	12	5	11	68
宮 内 庁			1						1	2	4
公 正 取 引 委 員 会			2		2	1	1		1		8
警 察 庁		2		3	2	3	1	2	3	3	19
金 融 庁	12	10	14	5	10	9	10	13	7	20	149
消 費 者 庁		2	1	3		2		4		10	28
デ ジ タ ル 庁								1	24	8	33
総 務 省	10	10	11	15	10	14	11	16	17	19	185
法 務 省											1
外 務 省	6	13	9	13	12	16	17	23	30	20	246
財 務 省	8	17	9	10	8	9	10	9	12	16	192
国 税 庁		1									1
文 部 科 学 省	1		2	4	4	2	6	4		7	36
ス ポ ー ツ 庁		10	3	2	9	2	7	4	7	4	48
文 化 庁							5	2	2	1	10
厚 生 労 働 省	12	26	14	23	20	22	24	43	52	43	340
農 林 水 産 省	6	8	6	8	6	8	13	7	7	8	132
林 野 庁	1			1		1		1		1	9
水 産 庁			1		1			2		2	9
経 済 産 業 省	29	54	38	49	51	42	47	43	47	66	645
資 源 エ ネ ル ギ ー 庁	5	4	6	4	5	5	3	2	7	7	73
特 許 庁	1	1	1	1	2	3	2	3		3	19
中 小 企 業 庁	5	1	4	2	5	1	4	1	6	1	35
国 土 交 通 省	42	66	73	68	77	77	78	94	101	90	1,031
観 光 庁	6	2	7	3	4	5	2	2	1	2	61
気 象 庁								1			1
運 輸 安 全 委 員 会									1	1	2
海 上 保 安 庁	1		1	1	1						5
環 境 省	17	13	8	10	4	12	7	13	40	17	165
原 子 力 規 制 庁			3		3	2		1			9
計	166	244	216	226	243	246	248	308	378	363	3,574

（参考）日本郵政公社を含む	166	244	216	226	243	246	248	308	378	363	3,615

（注）累計は、制度の施行（平成12年3月21日）以降令和5年12月31日までに交流派遣又は交流採用された者の累積数である。

第5節　分限処分の状況

　分限処分とは、職員の責任の有無にかかわらず、公務能率を維持するため、法令に定められた事由に該当する場合に降任、免職、休職、降給を行うことである。人事院では、分限制度の趣旨に則した適正な運用が図られるよう、本院のほか各地方事務局（所）において、各府省が対応に苦慮している事例等をもとに、分限処分を行うに当たって留意すべき点や対応方法について研修会を実施し、各府省人事担当者に対して周知徹底を図るとともに、個別の相談にも随時対応している。

1　降任・免職

　任命権者が職員の意に反して降任又は免職の処分を行った場合には、規則11-4（職員の身分保障）により、その処分の際に職員に交付した処分説明書の写しを人事院に提出することとされている。令和5年度中において、降任処分された者は6人であり、免職処分された者は9人であった。処分の状況を見ると、降任処分の事由は、「勤務実績がよくない場合」に該当するとされたもの（6人）であり、免職処分のうち最も多い事由は、「勤務実績がよくない場合」及び「官職に必要な適格性を欠く場合」に該当するとされたもの（4人）である（資料1-21）。

2　休職

　令和5年7月1日現在で、休職中の職員は2,107人であり、事由別に見ると、いわゆる病気休職が1,783人で全体の84.6％を占めている（資料1-22）。

3　降給

　任命権者が職員の意に反して降給（降格・降号）の処分を行った場合には、規則11-10（職員の降給）により、その処分の際に職員に交付した処分説明書の写しを人事院に提出することとされている。令和5年度中において、降給処分された者は6人（「降任に伴う降格」が4人、「勤務実績不良及び適格性欠如に伴う降格」が1人、「勤務実績不良に伴う降号」が1人）である。

第1章　補足資料

資料1-1　2023年度国家公務員採用試験実施状況

（その1）試験機関が人事院であるもの

試験の程度	試験の種類	申込受付期間	第1次試験 試験日	第1次試験 試験地	第2次試験 試験日	第2次試験 試験地	合格者発表日
大学（大学院）卒業程度	国家公務員採用総合職試験（院卒者試験）	3月1日〜3月20日	4月9日	札幌市ほか22都市	5月7日筆記	札幌市ほか8都市	6月8日
					5月22日〜5月31日人物	さいたま市ほか2都市	
	国家公務員採用総合職試験（大卒程度試験）（教養区分を除く。）	3月1日〜3月20日	4月9日	札幌市ほか22都市	5月7日筆記	札幌市ほか8都市	6月8日
					5月15日〜5月31日人物	札幌市ほか9都市	
	国家公務員採用総合職試験（大卒程度試験）（教養）	7月28日〜8月21日	10月1日	札幌市ほか8都市	11月25日・11月26日	さいたま市ほか2都市	12月13日
	国家公務員採用一般職試験（大卒程度試験）	3月1日〜3月20日	6月11日	札幌市ほか25都市	7月12日〜7月28日	札幌市ほか17都市	8月15日
	皇宮護衛官採用試験（大卒程度試験）	3月1日〜3月20日	6月4日	札幌市ほか5都市	7月11日〜7月19日	札幌市ほか4都市	8月15日
	法務省専門職員（人間科学）採用試験	3月1日〜3月20日	6月4日	札幌市ほか8都市	7月3日〜7月6日	札幌市ほか9都市	8月15日
	財務専門官採用試験	3月1日〜3月20日	6月4日	札幌市ほか18都市	7月3日〜7月6日	札幌市ほか10都市	8月15日
	国税専門官採用試験	3月1日〜3月20日	6月4日	札幌市ほか20都市	6月30日〜7月14日	札幌市ほか11都市	8月15日
	食品衛生監視員採用試験	3月1日〜3月20日	6月4日	小樽市ほか3都市	7月11日〜7月19日	東京都	8月15日
	労働基準監督官採用試験	3月1日〜3月20日	6月4日	札幌市ほか18都市	7月11日〜7月13日	札幌市ほか10都市	8月15日
	航空管制官採用試験	3月1日〜3月20日	6月4日	札幌市ほか10都市	7月5日	札幌市ほか4都市	8月15日
					（3次試験）8月24日〜8月25日	泉佐野市	10月2日
	海上保安官採用試験	3月1日〜3月20日	6月4日	札幌市ほか10都市	7月11日〜7月19日	小樽市ほか10都市	8月15日
	経験者採用試験	7月24日〜8月14日	10月1日	東京都	11月上旬〜12月上旬	札幌市ほか11都市	11月17日（注）12月21日
					（3次試験）11月下旬〜12月中旬	札幌市ほか13都市	
高等学校卒業程度	国家公務員採用一般職試験（高卒者試験）	6月19日〜6月28日	9月3日	札幌市ほか51都市	10月11日〜10月20日	札幌市ほか25都市	11月14日
	国家公務員採用一般職試験（社会人試験（係員級））	6月19日〜6月28日	9月3日	札幌市ほか14都市	10月11日〜10月20日	札幌市ほか17都市	11月14日
	皇宮護衛官採用試験（高卒程度試験）	7月18日〜7月27日	9月24日	札幌市ほか5都市	10月23日〜10月27日	札幌市ほか4都市	11月21日
	刑務官採用試験	7月18日〜7月27日	9月17日	札幌市ほか48都市	10月19日〜10月25日	札幌市ほか49都市	11月21日
	入国警備官採用試験	7月18日〜7月27日	9月24日	札幌市ほか8都市	10月24日〜10月26日	札幌市ほか8都市	11月21日
	税務職員採用試験	6月19日〜6月28日	9月3日	札幌市ほか51都市	10月11日〜10月20日	札幌市ほか11都市	11月14日
	航空保安大学校学生採用試験	7月18日〜7月27日	9月24日	千歳市ほか10都市	11月13日〜11月16日	千歳市ほか4都市	12月19日
	気象大学校学生採用試験	8月24日〜9月4日	10月28日10月29日	札幌市ほか10都市	12月15日	札幌市ほか5都市	6年1月18日
	海上保安大学校学生採用試験	8月24日〜9月4日	10月28日10月29日	札幌市ほか38都市	12月15日	小樽市ほか11都市	6年1月18日
	海上保安学校学生採用試験（航空課程以外）	7月18日〜7月27日	9月24日	札幌市ほか38都市	10月17日〜10月26日	小樽市ほか11都市	11月21日
	（航空課程）				（3次試験）12月2日〜12月12日	東京都	6年1月18日
	海上保安学校学生採用試験（特別）	3月1日〜3月8日	5月14日	札幌市ほか37都市	6月7日〜6月28日	小樽市ほか11都市	7月28日

（注）「経験者採用試験」の「合格者発表日」は、次のとおりである。
経験者採用試験（係長級（事務））：11月17日、総務省経験者採用試験（係長級（技術））、外務省経験者採用試験（書記官級）、国税庁経験者採用試験（国税調査官級）、農林水産省経験者採用試験（係長級（技術））、国土交通省経験者採用試験（係長級（事務））、国土交通省経験者採用試験（係長級（技術））、観光庁経験者採用試験（係長級（事務））、気象庁経験者採用試験（係長級（技術））：12月21日

（その2）試験機関が外務省であるもの

試験の程度	試験の種類	申込受付期間	第1次試験 試験日	第1次試験 試験地	第2次試験 試験日	第2次試験 試験地	合格者発表日
大学卒業程度	外務省専門職員採用試験	3月24日〜4月7日	6月10日6月11日	東京都大阪市	7月25日〜8月3日	東京都	8月23日

資料 1-2-1　**2023年度国家公務員採用総合職試験（院卒者試験）の区分試験別申込者数・合格者数**

（単位：人）

区分試験　　項目	申込者数	うち女性数	合格者数	うち女性数
行政	314	115	164	64
人間科学	135	88	49	34
デジタル	62	9	22	3
工学	322	64	158	27
数理科学・物理・地球科学	135	21	39	2
化学・生物・薬学	230	88	84	30
農業科学・水産	187	81	83	41
農業農村工学	20	8	11	7
森林・自然環境	81	31	57	26
計	1,486	505	667	234

（注）　法務区分は休止とした。

資料 1-2-2　**2023年度国家公務員採用総合職試験（大卒程度試験）の区分試験別申込者数・合格者数**

（単位：人）

区分試験　　項目	申込者数	うち女性数	合格者数	うち女性数
政治・国際	1,308	549	211	89
法律	7,834	3,649	352	136
経済	1,071	301	142	33
人間科学	350	236	33	19
デジタル	153	32	49	10
工学	898	161	294	56
数理科学・物理・地球科学	169	38	21	6
化学・生物・薬学	311	137	32	9
農業科学・水産	437	191	116	52
農業農村工学	146	45	55	16
森林・自然環境	209	73	55	23
小計	12,886	5,412	1,360	449
教養	4,014	1,656	423	138
合計	16,900	7,068	1,783	587

資料1-3　2023年度国家公務員採用一般職試験（大卒程度試験）の区分試験別・地域試験別申込者数・合格者数

（単位：人）

区分（地域）試験	申込者数	うち女性数	合格者数	うち女性数
行　　　　　政	22,316	9,730	6,476	2,796
北　海　道	1,003	359	457	180
東　　北	1,602	657	594	247
関東甲信越	8,476	3,669	2,098	871
東海北陸	2,523	1,112	712	317
近　　畿	3,132	1,429	822	390
中　　国	1,363	578	580	247
四　　国	962	422	360	155
九　　州	2,645	1,197	692	309
沖　　縄	610	307	161	80
デジタル・電気・電子	435	64	173	27
機　　　　　械	240	22	116	14
土　　　　　木	1,045	226	449	100
建　　　　　築	163	71	54	21
物　　　　　理	284	64	155	31
化　　　　　学	491	187	210	90
農　　　　　学	756	343	342	161
農業農村工学	184	57	71	23
林　　　　　学	405	146	223	73
計	26,319	10,910	8,269	3,336

（注）行政区分以外の区分は、全国試験であり、地域試験を行っていない。

資料1-4　2023年度法務省専門職員（人間科学）採用試験の区分試験別申込者数・合格者数

（単位：人）

区分試験	申込者数	合格者数
矯正心理専門職A（男子）	112	51
矯正心理専門職B（女子）	288	78
法務教官A（男子）	782	169
法務教官B（女子）	367	91
法務教官A（社会人）（男子）	96	20
法務教官B（社会人）（女子）	24	3
保護観察官	321（205）	60（43）
計	1,990（884）	472（215）

（注）計及び保護観察官の（　）内の数字は、女性を内数で示す。

資料1-5　2023年度国税専門官採用試験の区分試験別申込者数・合格者数

（単位：人）

区分試験	申込者数	うち女性数	合格者数	うち女性数
国税専門A	13,618	5,735	3,127	1,385
国税専門B	475	102	147	31
計	14,093	5,837	3,274	1,416

資料1-6 2023年度労働基準監督官採用試験の区分試験別申込者数・合格者数

(単位：人)

区分試験 \ 項目	申込者数	うち女性数	合格者数	うち女性数
労働基準監督A	2,432	1,053	298	135
労働基準監督B	525	104	115	26
計	2,957	1,157	413	161

資料1-7-1 2023年度国家公務員採用一般職試験（高卒者試験）の区分試験別・地域試験別申込者数・合格者数

(単位：人)

区分（地域）試験 \ 項目	申込者数	うち女性数	合格者数	うち女性数
事務 合計	8,250	3,425	2,538	1,149
北海道	560	226	172	78
東北	766	356	190	95
関東甲信越	3,701	1,509	1,408	631
東海北陸	528	217	154	73
近畿	594	250	172	77
中国	411	154	105	44
四国	229	119	61	31
九州	1,074	463	205	89
沖縄	387	131	71	31
技術 合計	1,219	207	657	113
北海道	98	12	40	4
東北	172	38	90	22
関東甲信越	246	50	113	25
東海北陸	138	17	79	5
近畿	79	11	41	6
中国	66	10	44	5
四国	42	8	28	5
九州	356	60	215	40
沖縄	22	1	7	1
農業土木	254	28	135	12
林業	166	28	77	15
計	9,889	3,688	3,407	1,289

（注）1 農業土木区分及び林業区分は、全国試験であり、地域試験を行っていない。
　　　2 農業区分は休止とした。

資料1-7-2　**2023年度国家公務員採用一般職試験（社会人試験（係員級））の区分試験別・地域試験別申込者数・合格者数**

（単位：人）

区分（地域）試験　＼　項目	申込者数	うち女性数	合格者数	うち女性数
技術 合計	222	28	53	7
北海道	15	1	7	1
関東甲信越	74	10	7	1
東海北陸	25	2	4	0
近畿	50	5	15	1
中国	10	0	3	0
四国	10	1	2	1
沖縄	38	9	15	3
農業土木	87	21	13	4
計	309	49	66	11

（注）1　農業土木区分は、全国試験であり、地域試験を行っていない。
　　　2　事務区分、技術区分（東北地域、九州地域）、農業区分及び林業区分は休止とした。

2023年度刑務官採用試験の区分試験別・地域試験別申込者数・合格者数

(単位：人)

項目 区分（地域）試験	申込者数	合格者数
刑務A（男子）合計	2,288	530
北海道	94	35
東北	86	37
関東甲信越静	547	164
東海北陸	132	55
近畿	397	89
中国	101	33
四国	72	23
九州	528	86
沖縄	331	8
刑務B（女子）合計	811	208
北海道	37	14
東北	29	14
関東甲信越静	222	62
東海北陸	49	15
近畿	120	33
中国	49	13
四国	11	6
九州	294	51
沖縄	—	—
刑務A（社会人）（男子）合計	226	66
北海道	18	6
東北	17	6
関東甲信越静	76	22
東海北陸	20	8
近畿	31	9
中国	11	5
四国	16	5
九州	37	5
沖縄	—	—
刑務B（社会人）（女子）合計	46	15
北海道	6	1
東北	3	1
関東甲信越静	16	5
東海北陸	5	4
近畿	6	0
中国	2	1
四国	2	1
九州	6	2
沖縄	—	—
刑務A（武道）（男子）合計	359	169
北海道	17	8
東北	22	13
関東甲信越静	117	62
東海北陸	43	18
近畿	29	15
中国	31	18
四国	18	13
九州	76	20
沖縄	6	2
刑務B（武道）（女子）合計	67	38
北海道	5	5
東北	8	4
関東甲信越静	13	9
東海北陸	7	4
近畿	14	6
中国	7	3
四国	2	2
九州	11	5
沖縄	—	—
刑務官総計	3,797	1,026

（注）刑務B、刑務A（社会人）、刑務B（社会人）及び刑務B（武道）の沖縄地域は休止とした。

資料1-9　2023年度入国警備官採用試験の区分試験別申込者数・合格者数

(単位：人)

区分試験 ＼ 項目	申込者数	うち女性数	合格者数	うち女性数
警備官	1,383	461	258	93
警備官（社会人）	185	32	5	1
計	1,568	493	263	94

資料1-10　2023年度税務職員採用試験の地域試験別申込者数・合格者数

(単位：人)

地域試験 ＼ 項目	申込者数	うち女性数	合格者数	うち女性数
北海道	99	40	42	20
東北	301	131	90	43
関東甲信越	1,689	515	488	188
東海北陸	573	179	136	57
近畿	953	264	240	94
中国	325	121	85	45
四国	201	65	69	21
九州	711	279	205	79
沖縄	100	40	12	7
計	4,952	1,634	1,367	554

資料1-11　2023年度航空保安大学校学生採用試験の区分試験別申込者数・合格者数

(単位：人)

区分試験 ＼ 項目	申込者数	うち女性数	合格者数	うち女性数
航空情報科	164	78	44	24
航空電子科	136	31	76	19
計	300	109	120	43

資料1-12　2023年度海上保安学校学生採用試験の区分試験別申込者数・合格者数

(単位：人)

区分試験 ＼ 項目	申込者数	うち女性数	合格者数	うち女性数
船舶運航システム課程	2,586	450	563	97
航空課程	252	20	27	0
情報システム課程	100	20	32	8
管制課程	89	38	18	14
海洋科学課程	113	23	25	8
計	3,140	551	665	127

資料1-13　2023年度経験者採用試験の試験の種類別申込者数・合格者数

(単位：人)

試験の種類		申込者数	うち女性数	合格者数	うち女性数
経験者採用試験（係長級（事務））		569	180	41	15
総務省経験者採用試験（係長級（技術））		39	5	7	1
外務省経験者採用試験（書記官級）		178	81	18	9
国税庁経験者採用試験（国税調査官級）		644	127	63	14
農林水産省経験者採用試験（係長級（技術））		27	5	1	0
国土交通省経験者採用試験（係長級（事務））		70	14	4	0
国土交通省経験者採用試験（係長級（技術））	本省区分	20	3	1	0
	地方整備局・北海道開発局区分	24	3	4	1
観光庁経験者採用試験（係長級（事務））		94	36	2	1
気象庁経験者採用試験（係長級（技術））		34	5	11	3
計		1,699	459	152	44

（注）経験者採用試験（係長級（事務））は、会計検査院、人事院、金融庁、デジタル庁、財務省、文部科学省、厚生労働省、農林水産省、国土交通省及び環境省の事務系の係長級の職員を採用するために実施した試験である。

資料1-14　2023年度国家公務員採用総合職試験（教養区分を除く。）の系統別・学歴別申込者数・合格者数

(単位：人、%)

学歴	項目	法文系 申込者数	うち女性数	法文系 合格者数	うち女性数	理工系 申込者数	うち女性数	理工系 合格者数	うち女性数	農学系 申込者数	うち女性数	農学系 合格者数	うち女性数	合計 申込者数	うち女性数	合計 合格者数	うち女性数
院卒者試験	大学院	445 (99.1)	200 (98.5)	210 (98.6)	96 (98.0)	748 (99.9)	181 (99.5)	302 (99.7)	61 (98.4)	288 (100.0)	120 (100.0)	151 (100.0)	74 (100.0)	1,481 (99.7)	501 (99.2)	663 (99.4)	231 (98.7)
	その他	4 (0.9)	3 (1.5)	3 (1.4)	2 (2.0)	1 (0.1)	1 (0.5)	1 (0.3)	1 (1.6)	0 (0.0)	0 (0.0)	0 (0.0)	0 (0.0)	5 (0.3)	4 (0.8)	4 (0.6)	3 (1.3)
	計	449 (100.0)	203 (100.0)	213 (100.0)	98 (100.0)	749 (100.0)	182 (100.0)	303 (100.0)	62 (100.0)	288 (100.0)	120 (100.0)	151 (100.0)	74 (100.0)	1,486 (100.0)	505 (100.0)	667 (100.0)	234 (100.0)
大卒程度試験	大学院	124 (1.2)	46 (1.0)	15 (2.0)	5 (1.8)	139 (9.1)	28 (7.6)	49 (12.4)	8 (9.9)	55 (6.9)	21 (6.8)	16 (7.1)	6 (6.6)	318 (2.5)	95 (1.8)	80 (5.9)	19 (4.2)
	大学	10,295 (97.5)	4,648 (98.2)	723 (98.0)	272 (98.2)	1,381 (90.2)	337 (91.6)	345 (87.1)	72 (88.9)	732 (92.4)	286 (92.6)	209 (92.5)	84 (92.3)	12,408 (96.3)	5,271 (97.4)	1,277 (93.9)	428 (95.3)
	その他	144 (1.4)	41 (0.9)	0 (0.0)	0 (0.0)	11 (0.7)	3 (0.8)	2 (0.5)	1 (1.2)	5 (0.6)	2 (0.6)	1 (0.4)	1 (1.1)	160 (1.2)	46 (0.8)	3 (0.2)	2 (0.4)
	計	10,563 (100.0)	4,735 (100.0)	738 (100.0)	277 (100.0)	1,531 (100.0)	368 (100.0)	396 (100.0)	81 (100.0)	792 (100.0)	309 (100.0)	226 (100.0)	91 (100.0)	12,886 (100.0)	5,412 (100.0)	1,360 (100.0)	449 (100.0)
合計	大学院	569 (5.2)	246 (5.0)	225 (23.7)	101 (26.9)	887 (38.9)	209 (38.0)	351 (50.2)	69 (48.3)	343 (31.8)	141 (32.9)	167 (44.3)	80 (48.5)	1,799 (12.5)	596 (10.1)	743 (36.7)	250 (36.6)
	大学	10,295 (93.5)	4,648 (94.1)	723 (76.0)	272 (72.5)	1,381 (60.6)	337 (61.3)	345 (49.4)	72 (50.3)	732 (67.8)	286 (66.7)	209 (55.4)	84 (50.9)	12,408 (86.3)	5,271 (89.1)	1,277 (63.0)	428 (62.7)
	その他	148 (1.3)	44 (0.9)	3 (0.3)	2 (0.5)	12 (0.5)	4 (0.7)	3 (0.4)	2 (1.4)	5 (0.5)	2 (0.5)	1 (0.3)	1 (0.6)	165 (1.1)	50 (0.8)	7 (0.3)	5 (0.7)
	総計	11,012 (100.0)	4,938 (100.0)	951 (100.0)	375 (100.0)	2,280 (100.0)	550 (100.0)	699 (100.0)	143 (100.0)	1,080 (100.0)	429 (100.0)	377 (100.0)	165 (100.0)	14,372 (100.0)	5,917 (100.0)	2,027 (100.0)	683 (100.0)

（注）1　「法文系」とは、院卒者試験の行政及び人間科学区分並びに大卒程度試験の政治・国際、法律、経済及び人間科学区分を示し、「理工系」とは、院卒者試験及び大卒程度試験ともに、デジタル、工学、数理科学・物理・地球科学及び化学・生物・薬学を示し、「農学系」とは、院卒者試験及び大卒程度試験ともに、農業科学・水産、農業農村工学及び森林・自然環境を示す。
　　　2　（ ）内は、申込者総数又は合格者総数に対する割合（%）を示す。

資料1-15 **2023年度国家公務員採用総合職試験（教養区分を除く。）の国・公・私立別出身大学（含大学院）別申込者数・合格者数**

（単位：人、%）

学歴		項目	申込者数	うち女性数	合格者数	うち女性数
院卒者試験	大学院	国立	1,069 (71.9)	349 (69.1)	498 (74.7)	168 (71.8)
		公立	56 (3.8)	26 (5.1)	29 (4.3)	15 (6.4)
		私立	356 (24.0)	126 (25.0)	136 (20.4)	48 (20.5)
	その他		5 (0.3)	4 (0.8)	4 (0.6)	3 (1.3)
	計		1,486 (100.0)	505 (100.0)	667 (100.0)	234 (100.0)
大卒程度試験	大学院・大学	国立	5,429 (42.1)	2,254 (41.6)	794 (58.4)	243 (54.1)
		公立	782 (6.1)	416 (7.7)	57 (4.2)	27 (6.0)
		私立	6,473 (50.2)	2,682 (49.6)	498 (36.6)	175 (39.0)
	その他		202 (1.6)	60 (1.1)	11 (0.8)	4 (0.9)
	計		12,886 (100.0)	5,412 (100.0)	1,360 (100.0)	449 (100.0)
合計	大学院・大学	国立	6,498 (45.2)	2,603 (44.0)	1,292 (63.7)	411 (60.2)
		公立	838 (5.8)	442 (7.5)	86 (4.2)	42 (6.1)
		私立	6,829 (47.5)	2,808 (47.5)	634 (31.3)	223 (32.7)
	その他		207 (1.4)	64 (1.1)	15 (0.7)	7 (1.0)
	総計		14,372 (100.0)	5,917 (100.0)	2,027 (100.0)	683 (100.0)

（注）1 （　）内は、申込者総数又は合格者総数に対する割合（%）を示す。
　　　2 「その他」は、短大・高専、外国の大学等である。

資料1-16 **2023年度国家公務員採用一般職試験（大卒程度試験）の学歴別申込者数・合格者数**

（単位：人、%）

学歴 \ 項目	申込者数		うち女性数		合格者数		うち女性数	
大学院	1,472	(5.6)	507	(4.6)	477	(5.8)	159	(4.8)
大学	23,907	(90.8)	10,067	(92.3)	7,575	(91.6)	3,101	(93.0)
短大・高専等	781	(3.0)	287	(2.6)	191	(2.3)	71	(2.1)
高校・その他	159	(0.6)	49	(0.4)	26	(0.3)	5	(0.1)
合計	26,319	(100.0)	10,910	(100.0)	8,269	(100.0)	3,336	(100.0)

（注）（　）内は、申込者総数又は合格者総数に対する割合（%）を示す。

資料1-17 2023年度国家公務員採用一般職試験（大卒程度試験）の
国・公・私立別出身大学（含大学院）別申込者数・合格者数

（単位：人、%）

学歴 項目		申込者数		うち女性数		合格者数		うち女性数	
大学・大学院	国　立	8,962	(34.1)	3,803	(34.9)	3,741	(45.2)	1,544	(46.3)
	公　立	2,003	(7.6)	1,010	(9.3)	682	(8.2)	341	(10.2)
	私　立	14,365	(54.6)	5,740	(52.6)	3,623	(43.8)	1,373	(41.2)
その他		989	(3.8)	357	(3.3)	223	(2.7)	78	(2.3)
合計		26,319	(100.0)	10,910	(100.0)	8,269	(100.0)	3,336	(100.0)

（注）1　（　）内は、申込者総数又は合格者総数に対する割合（%）を示す。
　　　2　「その他」は、短大・高専、外国の大学等である。

資料1-18 2023年度国家公務員採用一般職試験（高卒者試験）の
学歴別申込者数・合格者数

（単位：人、%）

学歴 項目	申込者数		うち女性数		合格者数		うち女性数	
短大・高専	245	(2.5)	149	(4.0)	56	(1.6)	34	(2.6)
専修学校等	4,756	(48.1)	1,614	(43.8)	1,872	(54.9)	740	(57.4)
高校	4,787	(40.4)	1,887	(51.2)	1,461	(42.9)	508	(39.4)
中学	30	(0.3)	16	(0.4)	3	(0.1)	3	(0.2)
その他	71	(0.7)	22	(0.6)	15	(0.4)	4	(0.3)
合計	9,889	(100.0)	3,688	(100.0)	3,407	(100.0)	1,289	(100.0)

（注）1　（　）内は、申込者総数又は合格者総数に対する割合（%）を示す。
　　　2　学歴は、既卒、卒見、在学中、中退の総数である。
　　　3　「その他」は、大学在学中、中退の総数である。

資料1-19-1　令和5年度における国家公務員採用総合職試験（院卒者試験）の区分試験別・府省等別採用状況

（単位：人）

区分試験 / 府省等	行政	人間科学	デジタル	工学	数理科学・物理・地球科学	化学・生物・薬学	農業科学・水産	農業農村工学	森林・自然環境	計	法務	合計
会計検査院	1									1		1
人事院		1 (1)								1 (1)		1 (1)
内閣府	6 (4)	1								7 (4)		7 (4)
デジタル庁	2 (1)		1 (1)							3 (2)		3 (2)
公正取引委員会	3 (2)									3 (2)	1 (1)	4 (3)
警察庁	2 (1)	1 (1)		1					1	5 (2)		5 (2)
金融庁	2			2 (1)						4		4
消費者庁									1 (1)	1 (1)		1 (1)
総務省	14 (6)		1	2	1					18 (6)		18 (6)
消防庁									1 (1)	1 (1)		1 (1)
法務省	4 (2)	7 (3)								11 (5)		11 (5)
出入国在留管理庁	2 (2)									2 (2)		2 (2)
公安調査庁		1 (1)								1 (1)		1 (1)
外務省	3 (1)						1 (1)			4 (2)		4 (2)
財務省	3 (1)			2						5 (1)		5 (1)
国税庁	1					1 (1)	1		1	4 (1)		4 (1)
文部科学省	3 (1)	4 (1)		3	2	4 (2)			1 (1)	17 (5)		17 (5)
厚生労働省	3	3 (1)	1		5	10 (4)				22 (5)		22 (5)
農林水産省	1		1			1	15 (7)	4 (1)	9 (3)	31 (11)		31 (11)
経済産業省	4		3 (1)	8 (1)		3 (1)				18 (3)		18 (3)
特許庁				14 (6)	2	7 (3)				23 (9)		23 (9)
国土交通省	7 (2)	1 (1)	1	35 (5)	1	1	1	1 (1)	9 (4)	57 (14)		57 (14)
気象庁				2	6 (2)					8 (2)		8 (2)
海上保安庁				2	1 (1)			2 (1)		5		5
環境省	2 (1)					3 (2)	2		5 (3)	12 (6)		12 (6)
原子力規制庁	1 (1)					2 (1)				3 (2)		3 (2)
(独) 造幣局												
(独) 国立印刷局			1							1		1
計	64 (25)	19 (9)	9 (2)	71 (13)	18 (3)	32 (14)	22 (10)	5 (2)	28 (13)	268 (91)	1 (1)	269 (92)

（注）1　（　）内は、女性を内数で示す。
　　　2　採用者数は、過年度名簿等からの採用者を含む。
　　　3　上記のほか、防衛省（特別職）で行政1人（うち女性0人）、デジタル1人（同1人）、工学18人（同3人）、数理科学・物理・地球科学1人（同0人）、化学・生物・薬学2人（同0人）、計23人（同4人）の採用者がいる。

令和5年度における国家公務員採用総合職試験（大卒程度試験）の区分試験別・府省等別採用状況

（単位：人）

区分試験／府省等	政治・国際	法律	経済	人間科学	デジタル	工学	数理科学・物理・地球科学	化学・生物・薬学	農業科学・水産	農業農村工学	森林・自然環境	計	教養	合計
会計検査院	2 (1)	1 (1)										3 (2)		3 (2)
人事院		2 (1)	2			1 (1)						5 (2)		5 (2)
内閣府	3 (1)	4 (2)	2	1 (1)								10 (4)	2 (1)	12 (5)
デジタル庁	1					1						2	1	3
公正取引委員会		2 (1)	3 (1)									5 (2)		5 (2)
警察庁	1	5 (1)	3 (2)			1						10 (3)	12 (3)	22 (6)
金融庁			5 (1)									5 (1)	3 (1)	8 (2)
消費者庁		2 (1)	1									3 (1)		3 (1)
総務省	8 (3)	11 (6)	3 (1)			2 (1)	1 (1)	1				26 (12)	26 (4)	52 (16)
消防庁										1		1		1
法務省	1 (1)	7 (2)	1 (1)	8 (5)								17 (9)		17 (9)
出入国在留管理庁	4 (1)	3										7 (1)		7 (1)
公安調査庁		1			1 (1)							2 (1)	1	3 (1)
外務省	14 (8)											14 (8)	16 (6)	30 (14)
財務省	8 (3)	8 (3)	4 (3)					1				21 (9)	16 (4)	37 (13)
国税庁	2 (2)	1	3					1 (1)				7 (3)		7 (3)
文部科学省		10 (6)	1			2	1 (1)					14 (7)	5 (1)	19 (8)
厚生労働省	5 (4)	10 (4)	7 (6)	1		1		1	2 (2)	2 (2)		29 (18)	9 (4)	38 (22)
農林水産省	3 (2)	9 (3)	3 (1)		2	1		1	30 (16)	15 (5)	8 (4)	72 (31)	10 (4)	82 (35)
経済産業省	7 (2)	3	4			4	4 (2)	1 (1)				23 (5)	18 (6)	41 (11)
特許庁					2 (2)	11 (1)		3 (2)	3 (2)			19 (7)		19 (7)
国土交通省	2 (1)	12 (6)	4 (2)		1	34 (7)			2 (2)	1	3 (1)	59 (19)	9 (2)	68 (21)
気象庁						1						1		1
海上保安庁														
環境省		7 (4)				1		1	3 (2)		3	15 (6)	3	18 (6)
原子力規制庁	2											2		2
（独）造幣局						1						1		1
（独）国立印刷局					1	1						2		2
計	63 (29)	98 (41)	46 (18)	11 (7)	10 (4)	59 (9)	7 (3)	10 (6)	41 (24)	16 (5)	14 (5)	375 (151)	131 (36)	506 (187)

（注）1　（　）内は、女性を内数で示す。
　　　2　採用者数は、過年度名簿等からの採用者を含む。
　　　3　上記のほか、防衛省（特別職）で政治・国際8人（うち女性4人）、法律1人（同1人）、経済1人（同0人）、デジタル1人（同1人）、工学2人（同0人）、化学・生物・薬学1人（同0人）、教養3人（同1人）、計17人（同7人）の採用者がいる。

資料1-20-1　　**2023年度総合職試験相当の試験及び一般職試験相当の試験実施状況**

(単位：人)

試験の程度	区分	府省	申込者数	うち女性数	合格者数	うち女性数	採用内定者数	うち女性数
総合職（院卒者）	獣医学	厚生労働省	7	2	3	1	2	0
		農林水産省	62	37	36	22	21	15
	計		69	39	39	23	23	15
総合職（大卒程度）	意匠学	特許庁	24	20	3	3	3	3
一般職（大卒程度）	畜産	農林水産省	110	71	41	30	35	25
	水産	農林水産省	139	39	33	9	18	4
	船舶工学	国土交通省	25	6	7	2	5	1
	原子力工学	原子力規制委員会	6	1	3	0	2	0
	計		280	117	84	41	60	30
合計			373	176	126	67	86	48

（注）採用内定者数は、令和6年3月31日現在の人数である。

資料1-20-2　　**2022年度総合職試験相当の試験及び一般職試験相当の試験実施状況**

(単位：人)

試験の程度	区分	府省	申込者数	うち女性数	合格者数	うち女性数	採用者数	うち女性数
総合職（院卒者）	獣医学	厚生労働省	6	2	4	1	4	1
		農林水産省	51	26	28	13	17	7
	計		57	28	32	14	21	8
総合職（大卒程度）	意匠学	特許庁	35	24	3	2	3	2
一般職（大卒程度）	畜産	農林水産省	118	77	35	29	26	22
	水産	農林水産省	139	27	30	11	17	9
	船舶工学	国土交通省	11	2	3	0	3	0
	原子力工学	原子力規制委員会	2	1	2	1	2	1
	計		270	107	70	41	48	32
合計			362	159	105	57	72	42

資料1-21　　**令和5年度における職員の意に反する降任・免職の状況**

(単位：人)

種類 \ 事由	勤務実績がよくない場合	心身の故障のため職務遂行に支障がある場合	官職に必要な適格性を欠く場合	廃職又は過員を生じた場合	計
降　任	6 (0)	0 (0)	0 (0)	0 (0)	6 (0)
免　職	4 (1)	1 (7)	4 (1)	0 (0)	9 (9)

（注）1　（　）内は、前年度の人数を示す。
　　　2　降任・免職事由が「勤務実績がよくない場合」及び「官職に必要な適格性を欠く場合」である場合は、「勤務実績がよくない場合」に計上。

（単位：人）

心身の故障のため長期の休養を要する場合					刑事事件に関し起訴された場合	学術に関する研究等に従事する場合	共同研究等に従事する場合	研究成果活用企業の役員等に兼業する場合	公共的機関の設立を援助する場合	災害により行方不明になった場合	復職時に欠員がない場合	合計
公務傷病	通勤傷病	結核性疾患	非結核性疾患	小計								
3 (6)	2 (1)	1 (1)	1,777 (1,622)	1,783 (1,630)	2 (5)	322 (309)	0 (0)	0 (0)	0 (0)	0 (0)	0 (0)	2,107 (1,944)

（注）（　　）内は、令和4年7月1日現在の人数を示す。

第2章　人材の育成

人事院は、全府省の職員を対象として以下の研修を計画し、実施している（図2−1）。

図2-1　人事院の実施する主な研修

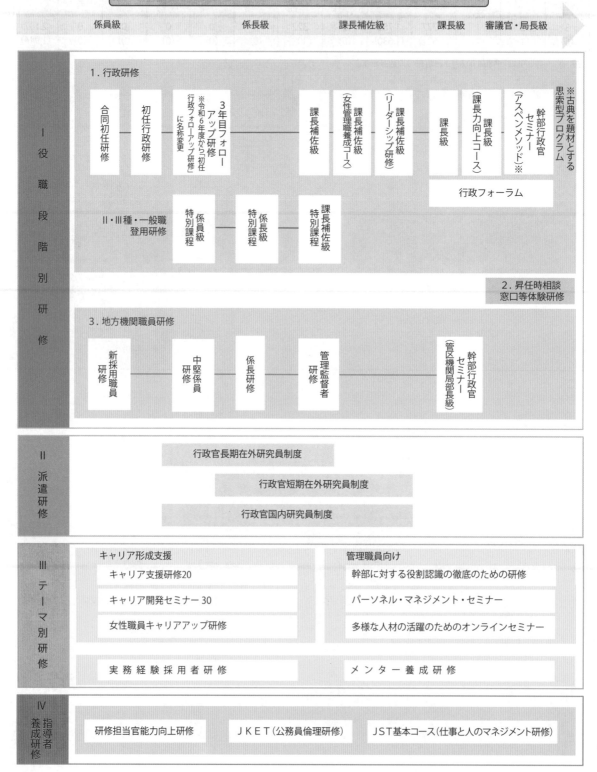

第1節　人事院が実施する研修の概要

研修（Off-JT）は、職場での人材育成（OJT）を補完し、キャリア形成や各役職段階での能力発揮など、様々な場面で職業生活を支える重要なものであり、人事院は、多様で効果的な研修を幅広く提供し、各府省における有為な人材の育成を促進していくこととしている。具体的には、役職段階別研修、派遣研修、テーマ別研修等を実施しており、マネジメント能力向上のための研修を始め、各種研修の充実・強化に取り組んでいる。

また、人事院では、各府省からの要請に応じて、人事院職員を各府省が実施する研修に講師として派遣しており、令和5年度においては、8機関延べ8コースに職員を派遣した。

第2節　役職段階別研修

人事院では、各役職段階において求められる資質・能力を伸ばすことができるよう、行政研修、昇任時相談窓口等体験研修及び地方機関職員研修を実施し、採用時から幹部級まで必要な研修の体系化と研修内容の充実を図っている。

1　行政研修

各府省の行政運営の中核を担うことが期待される職員等を対象とする行政研修は、高い倫理感に基づいた国民全体の奉仕者としての使命感の向上、広い視野や柔軟な発想など国民の視点に立つために求められる資質・能力の向上及び国家公務員として協力して施策を行うための相互の信頼関係の醸成を基本的な目的としている。

行政研修は、役職段階ごとに、採用時の合同初任研修、初任行政研修を始め、3年目フォローアップ研修[1]、本府省の係長級、課長補佐級、課長級の職員に対する研修、さらには課長級以上の職員を対象とした行政フォーラムなどからなり、①国民全体の奉仕者としての使命と職責について考える、②公共政策の在り方を多角的に検証し考える、③公正な公務運営について学ぶ、の3点をカリキュラムの柱としている。また、研修参加者が、互いに啓発しながら相互の理解・信頼を深めることができるよう、多くの行政研修で班別での討議を設定し、意見交換を行う機会の提供に努めている。

課長級及び課長補佐級の研修では、様々な分野の者との交流を通じ幅広い視野を身に付け相互の理解を促進する観点から、民間企業、外国政府等からも研修員の参加を得ている。

令和5年度における行政研修の実施状況は、表2－1のとおりであり、全体で39コースを実施した。

---

[1] 令和6年度から「初任行政フォローアップ研修」に名称変更

表2-1　令和5年度行政研修実施状況

研　修　名	回　次	実施方法	研 修 期 間	研修修了者数（人）	うち独立行政法人等	うち民間企業等	うち外国政府
国家公務員合同初任研修	第57回	オンライン	4.5	859	4	－	－
初任行政研修	Aコース	合宿、通勤、オンライン	5.11、5.15～5.26	99	－	－	－
	Bコース		5.11、5.22～6.2	98	－	－	－
	Cコース		5.11、5.29～6.9	98	－	－	－
	Dコース		5.11、6.5～6.16	93	－	－	－
	Eコース		6.7、6.12～6.23	103	－	－	－
	Fコース		6.7、6.19～6.30	91	－	－	－
	Gコース		6.7、6.26～7.7	90	－	－	－
	Hコース		6.7、7.3～7.14	92	－	－	－
3年目フォローアップ研修	Aコース	合宿	9.5～9.8	84	1	※2	
	Bコース		9.12～9.15	74	1	※1	
	Cコース		9.26～9.29	76	1	※1	
	Dコース		10.3～10.6	72	1	※3	
	Eコース		10.17～10.20	86	－	※2	
	Fコース		10.30～11.2	80	2	※2	
	Gコース		11.7～11.10	79	2	※1	
	Hコース		11.14～11.17	76	1	－	－
行政研修（課長補佐級）	第292回	オンライン	9.26～9.29	63	3	7	－
	第293回		11.15～11.17	54	1	9	－
	第294回	合宿	12.12～12.15	39	－	9	－
	第295回		2.13～2.16	42	1	9	1
行政研修（課長補佐級）国際コース		通勤	1.31～2.2	48	2	4	16
行政研修（課長補佐級）女性管理職養成コース		通勤	1.24～1.26	33	1	7	1
行政研修（課長補佐級）リーダーシップ研修		合宿	8.23～8.25	21	－	－	－
			10.2～10.4又は10.25～10.27				
			11.29～12.1				
		オンライン	9.8				
		通勤	11.8～11.10				
			1.16				
行政研修（課長級）課長力向上コース	第239回	通勤	10.24、11.14	23	1	6	－
	第240回		1.10～1.12、2.22	43	1	19	－
行政研修（係員級特別課程）	第42回	合宿	1.22～1.26	41	－	－	－
	第43回	通勤	2.26～3.1	52	－	－	－
行政研修（係長級特別課程）	第60回	通勤	12.11～12.15	47	－	－	－
	第61回	合宿	1.15～1.19	28	－	－	－
	第62回	オンライン	2.5～2.9	32	－	－	－
行政研修（課長補佐級特別課程）	第41回	通勤	12.4～12.8	52	－	－	－
行政フォーラム	第192回	オンライン	7.19	74			
	第193回		9.21	69			
	第194回		10.13	83			
	第195回		11.20	174			
	第196回		2.8	235			
	第197回		3.13	171			
幹部行政官セミナー（アスペンメソッド）		オンライン	9.15、10.5、11.2、12.4	11	－	－	－

（注）1　行政研修（課長補佐級）中国派遣コース、行政研修（課長補佐級）韓国国家公務員人材開発院派遣コース、行政研修（課長級）中国派遣コースについては諸般の事情により中止した。
　　　2　「実施方法」は主な実施方法であり、個々のカリキュラムの実施に当たってはオンラインによる講義等も含まれる。
　　　3　研修修了者数の内数の「－」は、該当する修了者がいないことを示す。
　　　4　※はいずれも各府省から地方公共団体又は民間企業へ出向中の者である。
　　　5　行政フォーラムの研修修了者数については参加登録をした者としている。

（1）国家公務員合同初任研修

　例年、各府省において、主に政策の企画立案等の業務に従事することが想定される新規採用職員を対象に合同研修を実施している（4月に内閣官房内閣人事局と共催で実施）。

　令和5年度は、オンライン方式により、岸田内閣総理大臣訓示、川本人事院総裁訓示のほか、公務員の基本に関する講義を実施した。

（2）初任行政研修

　（1）の合同初任研修対象者のうち、本府省において主に政策の企画立案等の業務に従事することが想定される者を対象として、初任行政研修を8コースで、5月から7月にかけて第1週目（1日）をオンライン、第2週目（5日間）を通勤、第3週目（5日間）を地方自治体等での現場学習2日間、公務員研修所での合宿3日間で実施した。

　同研修は、国家公務員としての一体感を醸成するとともに、全体の奉仕者としての素養を身に付けさせ、国民の視点に立って行政を遂行する姿勢を学ばせることを狙いとしている。令和5年度は、新型コロナウイルス感染症の感染拡大防止のために中止していた実地体験型のプログラムのうち、「地方自治体実地体験」、「被災地復興・地方創生プログラム」について、2日間のカリキュラムで4年ぶりに実施した。さらに、研修員間の相互の学びと交流をより深めるため、公務員研修所での合宿形式での研修を3年ぶりに実施した。カリキュラムについては、前年度と同様、研修科目を厳選し、討議を重視した内容とした。具体的には、基軸科目として、歴史的意義の大きい過去の行政事例を題材に、公共政策の在り方を多角的に研究・考察する「行政政策事例研究」、あるいは、府省横断的な政策課題について調査研究を行い、公共政策の在り方を多角的に検討する「政策課題研究」を行った。また、事例を通じて倫理的な行動の在り方を考える「公務員倫理を考える」、自治体、市民、NPO等の地域の現場で活動している関係者等と行政課題の解決に関する市民との協働について考える「市民との協働について考える」等のカリキュラムを実施した。また、研修員間の相互理解が円滑なものとなるようチームビルディングの科目も実施した（表2−2）。

表2-2　　令和5年度初任行政研修のカリキュラム

分類	研修科目	科目のねらい
国民全体の奉仕者としての使命と職責について考える	公務員の在り方、政治と行政	各府省の事務次官等から行政官としての心構えに関する講義を聴き、また、政治と行政に関する講義を聴いた上で、本研修全体を通じて期待される国家公務員の在り方について考察を深め、研修の最後でレポートにまとめることにより、国家公務員としての自覚と使命感を醸成する。
	公務員倫理を考える	公務員倫理に関する講義を聴き、事例研究などを通じて、倫理学の基礎理論に基づく価値判断や政策立案の在り方について検討し、実践への動機付けを図る。
	人権	人権問題に関わる講義を聴き、我が国や国際社会が抱える人権問題の現状を認識するとともに、基本的人権に対する意識を高める。
公共政策の在り方を多角的に検証し考える	行政政策事例研究	歴史的意義の大きい過去の行政事例を題材として、当時の困難な状況の下で取るべき方策を模索した関係者からの講義を聴き、批判的な視点も含めて多角的な立場から見た「行政官として取るべき行動」について、率直かつ自由に討議することで、行政官としての使命感や識見、問題解決能力をかん養する。
	政策課題研究	府省横断的な政策課題について、有識者からの講義を聴いた上で調査研究を行い、縦割りを超えた班別討議及び長期的展望に立った具体的な政策提言を通じて、国民全体の奉仕者としての自覚、問題発見能力、問題解決能力、表現力等行政官として求められる資質をかん養する。
	若手公務員の歩み	各府省の課長補佐等を講師とし、各府省が取り組んだ行政課題等を題材にした講義を聴き、実際の政策形成に当たって必要となる視点、関係者との調整の在り方を学ぶほか、若手公務員の能力開発・キャリア形成について理解を深める。
	特別講義	行政課題に関する講義、意見交換を通じ、国民全体の視点から施策を行うための素養、見識を養う。
公正な公務運営について学ぶ	コミュニケーション	論理性や説得力を備えた対話法や対話に当たって意識すべき事項に関する講義を聴き、職場において上司、同僚等と円滑なコミュニケーションを図るための効果的な手法について学ぶ。
	公務員の在り方	（再掲）
	公務員倫理を考える	（再掲）
	若手公務員の歩み	（再掲）
体験を通して行政の在り方を考える	地方自治体実地体験被災地復興・地方創生プログラム	地方自治体又はNPO等の現場を訪問し、視察、活動体験、関係者との意見交換等を通じて、地域の実情や復興・地方創生への取組を現場ベースで理解する。また、地域の多様性、住民の意識やニーズ、各地域における課題解決の取組等について認識を深め、持続可能な地域の未来の在り方を考えるとともに、国と地方との関係、行政の役割や公務員の在り方等を考察する。
	国際行政の現場	国際的な業務の最前線で活躍した経験に基づく講義を聴き、国際情勢や我が国の置かれている立場、国際協力の在り方や諸外国との関係などについて認識を深める。
	市民との協働について考える	自治体、市民、NPO等の地域の現場で活動している関係者から、現場の実情や取組を聴き、我が国が直面している諸課題について認識を深め、行政課題の解決に関する市民との協働の在り方や、今後の行政の役割・在り方について考える。
諸行事	開・閉講式、オリエンテーション、チームビルディング等	

（注）それぞれの科目につき、講義、討議、実習等の技法を組み合わせて実施している。

（3）3年目フォローアップ研修

　原則として（2）の初任行政研修を受講した者のうち、本府省において政策の企画立案等の業務に従事することが想定される採用3年目の者を対象として研修を実施している。

　前年度は、新型コロナウイルス感染症の影響で前半2日間をオンラインで、後半2日間を合宿形式での実施となったが、令和5年度は、令和3年度採用者を8コースに分け、4日間を合宿で実施した。本研修の参加者は新型コロナウイルス感染症の影響により、2年前の初任行政研修では全てのカリキュラムをオンラインで受講しており、実地体験型のプログラムを行えなかったことから、前年に続き、公務員研修所が所在する埼玉県入間市及び同市内の中小企業の協力を得て、同市内の公共施設や企業への現場訪問、入間市長等との意見交換を行う体験型プログラムを取り入れた。他にも、会議や日常業務においてグルー

プでの討議を円滑に進めるためのファシリテーション技法や、グループをまとめる上で必要となるマネジメント力の入門的な講義・演習、初任行政研修受講後からの2年間の自身を振り返り、先輩職員の参画を得て今後の自身の課題とキャリアを考えるプログラム、各々が所属する組織の政策や課題等を発表し、相互に討議するなど、多彩なカリキュラムにより実施した。

(4) 行政研修（課長補佐級）

本府省課長補佐級に昇任後おおむね1年以内の者のうち、政策の企画立案等の業務に従事する者を対象に、オンラインでの3日間の研修を1コース、同4日間の研修を1コース、合宿での4日間の研修を2コースの計4コースを実施した。

本研修は、班別討議を経て政策提言・分析を行う「政策課題研究」、研修員自らが直面する行政課題をテーマに議論を行う「個別政策研究」、「マネジメント研究」、政策課題研究に関連付けて入間市内の放課後学習支援の現場を訪問する「現場訪問」等からなるカリキュラムにより実施した。

(5) 行政研修（課長補佐級）国際コース

英語による発表や議論を通じ、英語での意思伝達及び説得能力の向上を図り、各府省における行政の国際化に対応できる人材の育成に資すること等を目的とする国際コース（3日間）を1コース、通勤で実施した。擬似的なグローバル環境における議論ができるよう、駐日大使館等から外国人研修員の参加を得て、日本人参加者が所属組織の政策や課題を英語で発表し、外国人研修員と共に討議等を実施した。

(6) 行政研修（課長補佐級）女性管理職養成コース

近い将来、本府省の管理職員として行政運営の一翼を担い、後に続く女性管理職員のロールモデルとなることが期待される者を対象に、官民の女性リーダーとの意見交換や、部下のマネジメント、組織運営について考察する研修を1コース（3日間）、通勤で実施した。

(7) 行政研修（課長補佐級）リーダーシップ研修

本府省課長補佐級の職員で、将来、本府省幹部職員として行政運営の中核を担うことが期待される者を対象に、令和5年8月から令和6年1月までの間に通算14日間の研修を1コース、通勤、合宿及びオンラインの組合せにより実施した。

本研修では、10年後の日本を見据えた研究課題の設定と改革ビジョンの作成を、「東京大学エグゼクティブ・マネジメント・プログラム」の協力を得て、研修員が小グループに分かれて「共同研究」として行ったほか、リーダーの在り方に関する各界有識者からの講義を実施した。また、島根県海士町で活動する「株式会社風と土と」に委託し、民間企業からの研修参加者とともに、現地での人々との交流を交えながら、離島という非日常の環境において自らを深く見つめ直し、今後のビジョンや志を言葉にする現場学習を前年度に続き行った。

(8) 行政研修（課長級）

令和5年度は、本府省課長級職員を対象に、課長級の職員として求められる組織統率力、人材育成力及び政策の実現に必要となる対外的説明能力等を充実・向上させることを目的とした「課長力向上コース」を、途中に職場でのマネジメント課題の実践期間を1か月程度挟み込む形で、通勤2日間のコース、通勤4日間のコースを1コースずつ、合計2コースを実施した。同研修では、日本の組織・人材マネジメントの第一線で活躍される講師からの講義を通じ、これからの組織運営の課題や目指すべき方向性について理解を深めるとと

もに、官民双方からの幅広い参加者による、自らが所属する組織におけるマネジメント上の取組や課題を持ち寄っての討議や意見交換を行った。研修前半では研修内容を振り返りながら自ら実践すべき課題設定を行い、当該課題について約1か月間にわたって職場で実践した後、その結果と今後に向けた課題を引き続く後半の研修で持ち寄って報告・共有を行い、これに対する講師からの講評等も織り込んで、組織統率に当たり必要となる自らの使命と職責について深く考察する流れでのカリキュラムを実施した。

(9) 行政研修（係員級特別課程）

係長級への昇任直前のⅡ種・Ⅲ種等採用職員又は一般職試験等採用職員で、勤務成績優秀な者を対象として、将来の幹部職員への登用を視野に入れた育成に資するために実施している。

令和5年度は、「政策課題研究」、「公務員倫理を考える」等からなるカリキュラムにより、5日間の日程で通勤1コース、合宿1コースを実施した。

(10) 行政研修（係長級特別課程）

本府省係長級のⅡ種・Ⅲ種等採用職員又は一般職試験等採用職員で、各府省が将来の幹部要員として計画的に育成しようとしている者を対象に実施している。

令和5年度は、「政策課題研究」、「個別政策研究」、「マネジメント研究」等からなるカリキュラムにより、5日間の日程で通勤1コース、合宿1コース、オンライン1コースを実施した。

(11) 行政研修（課長補佐級特別課程）

本府省課長補佐級のⅡ種・Ⅲ種等採用職員又は一般職試験等採用職員で、各府省が将来の幹部要員として計画的に育成しようとしている者を対象に実施している。

令和5年度は、「政策課題研究」、「個別政策研究」、本府省課長補佐級職員に求められるマネジメント能力について、講義及び具体的な事例や課題を題材とする相互討議を通じて、必要なスキルの向上や意識の醸成を図る「マネジメント研究」、政策課題研究に関連付けて千葉県に所在するサービス付き高齢者向け住宅の現場を訪問する「現場訪問」等からなるカリキュラムにより、5日間の日程で通勤1コースを実施した。

(12) 行政フォーラム（本府省課長級及び本府省幹部級）

本府省の課長級以上の職員の研修機会として、約1時間30分、我が国の抱える諸問題について各界の優れた有識者による講義と意見交換を行っている。

令和5年度はオンラインで計6回実施した。

(13) 幹部行政官セミナー（アスペンメソッド）

本府省審議官級及び筆頭課長級の職員を対象に、4日間の研修を1コース、オンラインで実施した。アスペンメソッドとは、米国アスペン研究所が行っている研修手法であり、様々な古典を素材に、参加者相互の対話を通じて高次のリーダーシップの養成を目指す思索型プログラムである。幹部行政官セミナーでは、このプログラムを活用して優れた思想や人間的価値の本質を探る中で、現代社会の複雑な課題に的確に対応できる高次のリーダーシップの養成を図っている。

❷ 昇任時相談窓口等体験研修

原則として直近1年間に本府省の審議官級に昇任した職員を対象に、消費者・生活者を主役とする行政を担う国家公務員としての意識改革を図るとともに、今後の行政や公務員の在り方

について考える契機とすることを目的として、消費者庁と共催で実施している。

　本研修は、①消費生活センター等7種類の相談窓口機関のいずれかに赴いて、消費者・生活者の声に触れる業務を体験する「業務体験研修」、②業務体験研修で得られた経験や気付きについて、研修参加者同士で意見交換を行う「事後研修」により構成されている。

　令和5年度は、27府省等から148人が参加した。

3　地方機関職員研修

　人事院各地方事務局（所）では、管内の各府省の地方機関の実情を踏まえつつ、役職段階別に求められる資質・能力を向上させるとともに、国民全体の奉仕者としての意識の徹底を図ることを目的とする役職段階別の研修を実施している。また、行政運営の在り方及び幹部行政官として求められる倫理感を考察させることを目的とする幹部行政官セミナーを実施している。これらの研修では、各役職段階に必要な基本的知識等を付与するカリキュラムのほか、近年の公務を取り巻く諸情勢を踏まえたカリキュラムを取り入れて行っている（表2−3）。

　このほか、係長級職員を主な対象として、役職段階別研修におけるマネジメント科目の設定や、JST教材を活用したマネジメント研修（1日コース）の実施など、マネジメント能力を高めることを主眼とする研修を引き続き行った。

表2-3　令和5年度地方機関職員研修実施状況

研修＼項目		実施回数	研修日数	修了者数
		回	日	人
地方機関職員研修	新採用職員研修	10	2〜3	868
	中堅係員研修	15	2〜4	617
	係長研修	12	2〜4	458
	管理監督者研修	11	1〜4	406
	幹部行政官セミナー	4	1	69
合　計		52	−	2,418

(1) 新採用職員研修

　各府省の地方機関に採用された職員を対象として、公務員としての心構え、公務員倫理、公務員制度の解説などのカリキュラムを中心に実施している。

(2) 中堅係員研修

　一定の職務経験を積んだ中堅の係員を対象として、将来の職場のリーダーとしての心構えや、中堅係員に共通して求められる能力の向上を目的として、公務員倫理、人権、情報発信スキルなどのカリキュラムを中心に実施した。

(3) 係長研修

　各府省地方機関の係長級職員を対象として、将来の中堅幹部としての心構えや、職場のリーダーに求められる能力の向上を目的として、公務員倫理、部下の育成、メンタルヘルスなどのカリキュラムを中心に実施した。

(4) 管理監督者研修（課長補佐研修・課長研修）

　各府省地方機関の課長補佐又は課長を対象として、将来の地方機関における上級幹部職

員の養成を目的として、管理監督者の心構えや役割に関するカリキュラムを中心に実施した。

（5）幹部行政官セミナー

　　管区機関の局部長級の職員を対象として、これからの行政と行政官の在り方を基本に立ち返って考え、意識改革を図ることを目的として、各界の有識者からの講話と講師を交えた意見交換を行った。

第3節　派遣研修

　人事院は、各府省の行政官を国内外の大学院等に派遣する派遣研修の制度を運営、実施しており、応募者の研究計画や人物に関する厳格な審査を通じ、国民全体の奉仕者としての自覚、研究の有用性、公務に対する成果還元の意欲等について様々な角度からチェックするなど、厳正な運用に努めている。

1　在外研究員制度

（1）行政官長期在外研究員制度

　　本制度は、行政の国際化が進展する中で、国際的視野を持ち、複雑・多様化する国際環境に的確に対応できる行政官の育成を図ることを目的に、各府省の行政官を原則として2年間諸外国の大学院に派遣し、研究に従事させる制度である（令和6年度派遣から1年制の大学院に1年間のみ派遣するコースを新設）。

　　派遣される研究員は、在職期間が10年未満の行政官（令和7年度派遣からは、各府省が人事管理上必要と認める場合は10年以上の行政官も応募が可能）で、各府省の長が推薦する者のうちから、人事院の選抜審査及び大学院の選考を経て決定している。

　　令和5年度は158人を派遣した。派遣先内訳は、表2-4のとおりである。

表2-4　令和5年度行政官長期在外研究員派遣状況

（単位：人）

派遣先国（地域）名	アメリカ	イギリス	シンガポール	フランス	オーストラリア	ドイツ	オランダ	中国	オーストリア	フィンランド	ベルギー	計
派遣人数	85	52	4	4	3	3	2	2	1	1	1	158

（注）当該年度に派遣を開始した人数を示す。

　　昭和41年度の制度発足以来、令和5年度までに派遣した研究員の総数は4,530人で、各年度の派遣者数は、昭和62年度以降着実に増加しており、平成5年度には50人、平成12年度には100人を超えた。平成26年度以降令和5年度までの新規派遣者数は、令和2年度を除き140人以上で推移している。

図2-2　行政官長期在外研究員新規派遣者数の推移

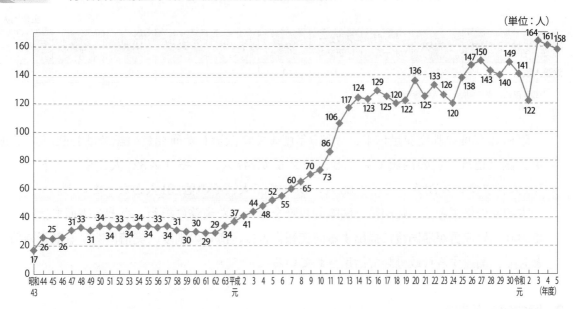

（注）1　博士課程への派遣のため、当該年度に研究従事期間を延長した者及び当該年度に再度派遣された者（平成24年度3人、平成25年度2人、平成26年度2人、平成28年度1人、平成29年度1人、平成30年度2人、令和2年度3人、令和3年度1人、令和4年度1人、令和5年度2人）を含む。
　　　2　当該年度に派遣を開始した人数を示す。

　派遣した研究員の総数を派遣先国（地域）別の内訳で見ると、アメリカ3,182人、イギリス853人、フランス199人、ドイツ94人、カナダ53人、オーストラリア40人、中国29人、オランダ26人、シンガポール25人、韓国5人、スウェーデン5人、その他19人となっており、各国大使館、シンガポール国立大学などの海外大学院等と連携し、派遣予定者、各府省に対する情報提供や留学支援を行っているほか、留学希望者向けに説明会を開催する等、派遣先国の多様化に努めている。

　本制度の修了者は、帰国後、留学中に得た知見、人的ネットワークを生かし、国際会議、国際交渉、海外勤務等国際的な業務に従事したり、国内にあっても、国際的視野に立った行政施策の企画・立案等の業務を担ったりしているなど、我が国行政の国際対応という点で大きな役割を果たしている。

（2）行政官短期在外研究員制度

　本制度は、諸外国において専門的な知識、技能等を習得させることにより、増大する国際的業務に適切かつ迅速に対処し得る人材の育成を図ることを目的に、各府省の行政官を6か月間又は1年間、諸外国の政府機関等に派遣する制度である。

　派遣される研究員は、在職期間がおおむね6年以上で、かつ、職務の級が行政職俸給表（一）の3級以上（他の俸給表についてはこれに相当する級）の行政官で、各府省の長が推薦する者のうちから、人事院の選抜審査を経て決定している。研究員は、諸外国の政府機関、国際機関等の派遣先でそれぞれの課題について調査・研究活動に従事している。

　令和5年度は14人を派遣した。派遣先内訳は、表2－5のとおりである。

表2-5　令和5年度行政官短期在外研究員派遣状況

（単位：人）

派遣先国（地域）名	アメリカ	イギリス	シンガポール	スウェーデン	タイ	ドイツ	フランス	ベルギー	台湾	計
派遣人数	6	1	1	1	1	1	1	1	1	14

（注）当該年度に派遣を開始した人数を示す。

　昭和49年度の制度発足以来、令和5年度までに派遣した研究員の総数は1,592人で、派遣先国（地域）別の内訳で見ると、アメリカ747人、イギリス321人、オーストラリア101人、フランス72人、ドイツ65人、カナダ55人、その他231人となっている。

　本制度の修了者は、帰国後、国際的視野を生かした業務に携わるなど各方面で活躍をしており、研究員が帰国後に提出する研究報告書は、海外の制度、実情に関する最新の情報として、関連する行政分野で活用されている。

2　国内研究員制度

　本制度は、複雑かつ高度化する行政に対応し得る専門的な知識、技能等を有する行政官の育成を図ることを目的に、各府省の行政官を国内の大学院に派遣し、研究に従事させる制度である。

(1) 行政官国内研究員制度（博士課程コース）

　本コースは、各府省の行政官を原則として3年間を限度として、国内の大学院の博士課程に派遣し研究に従事させる制度である。

　派遣される研究員は、在職期間がおおむね2年以上25年未満で、かつ、職務の級が行政職俸給表(一)の2級から9級まで（他の俸給表についてはこれに相当する級）の行政官で、各府省の長が推薦する者のうちから、人事院の選抜審査及び大学院の入学試験を経て決定される。

　令和5年度は、新規の派遣者はいなかった（表2－6）。

(2) 行政官国内研究員制度（修士課程コース）

　本コースは、各府省の行政官を原則として2年間を限度として、国内の大学院の修士課程に派遣し研究に従事させる制度である。

　派遣される研究員は、在職期間がおおむね2年以上18年未満で、かつ、職務の級が行政職俸給表(一)の1級から6級まで（他の俸給表についてはこれに相当する級）の行政官で、各府省の長が推薦する者のうちから、人事院の選抜審査及び大学院の入学試験を経て決定される。

　令和5年度は、13人を新規で派遣した（表2－6）。

表2-6　令和5年度行政官国内研究員（博士課程コース・修士課程コース）派遣状況

（単位：人）

派遣先大学院	令和5年度新規派遣人数		派遣人数（累計）	
	博士課程	修士課程	博士課程	修士課程
北海道大学大学院				1
東北大学大学院			2	3
筑波大学大学院			4	123
埼玉大学大学院				97
千葉大学大学院				1
東京大学大学院		2	9	103
東京農工大学大学院	1		2	2
東京工業大学大学院			2	
東京海洋大学大学院			5	
お茶の水女子大学大学院			1	
電気通信大学大学院			1	4
一橋大学大学院		8	1	98
横浜国立大学大学院			2	65
名古屋大学大学院				1
滋賀大学大学院				4
京都大学大学院			5	50
大阪大学大学院				1
神戸大学大学院				2
愛媛大学大学院			1	
九州大学大学院				1
政策研究大学院大学		1	15	105
京都府立大学大学院				1
慶應義塾大学大学院			1	1
情報セキュリティ大学院大学				1
同志社大学大学院				1
法政大学大学院				1
明治大学大学院				1
早稲田大学大学院				1
立命館大学		1		1
計	0	13	51	669
	13		720	

（注）修士課程コースは昭和51年度、博士課程コースは平成20年度に派遣を開始した。

③ 留学費用償還制度

　国家公務員の留学の実効性を確保するとともに、留学に対する国民の信頼の確保に資すること等を目的として、平成18年6月19日に留学費用償還法が施行された。同法に基づき、国の機関の職員が留学中又はその終了後原則として5年以内に離職した場合、その職員は、留学費用相当額の全部又は一部を償還することとされている。

　令和4年度に新たに留学費用の償還義務が発生した件数は84件（特別職国家公務員36件を含む。）である（表2－7）。

表2-7　留学費用償還義務者の状況

（単位：件）

	当該年度に償還義務者となった者の数	うち留学期間中離職	うち留学期間終了後5年以内離職
令和4年度	84	2	82
令和3年度	76	3	73
令和2年度	59	6	53

（注）件数には、特別職国家公務員を含む。

第4節　テーマ別研修等

　人事院は、公務における人材育成のため、必要な知識及び能力の向上を図る「テーマ別研修」を実施しているほか、各府省において職員の能力の向上をより効果的に図るための技法を修得させるなど研修の指導者を養成する「指導者養成研修」を実施している。

1　テーマ別研修

（1）パーソネル・マネジメント・セミナー

　　部下の能力発揮等の向上に取り組む際に管理者として心得ておくべきポイント等を確認し、また、参加者同士の経験の共有や意見交換を通じて相互に啓発し合う機会を提供することにより、各府省の人材育成への取組を促進・支援することを目的として、平成22年度から管理職員を対象にパーソネル・マネジメント・セミナーを実施している。

　　令和5年度は、オンラインで実施し、実施状況は、表2－8のとおりである。

表2-8　パーソネル・マネジメント・セミナーの実施状況

区分	本院	北海道	東北	関東	中部	近畿	中国	四国	九州	沖縄	計
実施回数（回）	1	0	0	1	0	0	1	0	1	0	4
受講者数（人）	105	0	0	47	0	0	36	0	43	0	231

（2）多様な人材の活躍のためのオンラインセミナー

　　平成26年度から、女性職員登用のための環境を整備するため、女性職員登用推進セミナーを実施してきた。令和5年度からは、女性職員も含め、多様な人材が、組織の中でその能力を発揮できる職場環境を整備することが複雑高度化する行政課題を解決していくために必要であることから「多様な人材の活躍のためのオンラインセミナー」に改編し実施することとした。

　　令和5年度は、各府省（地方支分部局等を含む。）の人事管理等に責任を有する課長等に対して、ダイバーシティ・マネジメントへの理解を深め、今後の取組につながる意識啓発、知識習得の機会を設け、計2回で延べ494人が受講した。

（3）実務経験採用者研修

　　民間企業からの中途採用者等を対象に、「国民全体の奉仕者」として求められる服務規律に関する知識や公務員としての倫理感のかん養を図ること等を目的として、平成14年

度から実務経験採用者研修を実施している。

　令和5年度は、主なカリキュラムのうち、国家公務員としての服務規律や倫理、基本的な国家公務員制度について、eラーニングによる事前学習に変更することとし、受講生及び各府省に提供した。受講生を集めて実施する研修については、同じ経験を有する受講生同士で、仕事の進め方に関する違和感や職場における困難について共有しながら、公務組織への適応を支援した。3回実施し、計153人が受講した。

(4) 女性職員を対象とした研修

　公務における女性職員の登用拡大を促進するため、各府省合同の研修を通じた相互啓発等による能力伸長と、マネジメント能力開発や人的ネットワーク形成の機会の付与を目的として、平成13年度から女性職員を対象としたキャリアアップ研修を実施している。

　令和5年度の実施状況は、表2-9のとおりである。本院においては、職員の自律的なキャリア形成を支援する観点から、今後のキャリア形成の見通しを日常の業務と関連付けて考えさせるカリキュラムとした。また、研修の4か月後に実施したフォローアップ・セッションにおいては、研修効果を高める観点から直属の上司等に対し、女性職員を部下に持つ上司の心構えや行うべき行動、性別や家庭の事情などに係る無意識の思い込み（アンコンシャス・バイアス）等についての講義の聴講・意見交換を実施したところ、7割以上の上司等が参加した。

表2-9 女性職員を対象とした研修の実施状況

区分	本院	北海道	東北	関東	中部	近畿	中国	四国	九州	沖縄	計
実施回数（回）	1	1	1	1	1	2	1	1	1	1	11
受講者数（人）	29	28	50	47	29	44	36	35	34	23	355

(5) メンター養成研修

　各府省における「メンター制度（人事当局の一定の関与の下、先輩職員が後輩職員の申出等を受けて助言等の支援を行う仕組み）」実施支援の一環として、メンターとなることが予定されている職員を対象に、職場におけるメンター、メンタリングに関する基本的な知識とコミュニケーション・スキルを習得させることを目的に、平成18年度からメンター養成研修を実施している。

　令和5年度は、オンラインで実施し、実施状況は、表2-10のとおりである。

表2-10 メンター養成研修の実施状況

区分	本院	北海道	東北	関東	中部	近畿	中国	四国	九州	沖縄	計
実施回数（回）	2	2	1	2	2	1	1	1	1	1	14
受講者数（人）	57	126	50	113	91	35	99	39	55	36	701

(6) 幹部に対する役割認識の徹底のための研修

　昨今、公務員に対する信頼が損なわれる事態が生じたことに鑑み、職員の模範となるべき幹部職員を対象として、全体の奉仕者としての公務員の役割を再認識してもらうための研修を実施している。令和5年度は、新任局長級職員を対象として、組織マネジメントの

重要性に係る意識啓発に重点を置いた研修を、主にオンラインで実施し、計98人が参加した。

（7）キャリア形成支援研修

一定程度の経験を積んだ職員に対し、職業生活を振り返り、今後のキャリア形成を考えさせることなどを通じ、仕事や能力開発への意欲向上を図ること等を目的として、平成30年度からキャリア開発セミナー30を実施している。

令和5年度は、オンラインで1回実施し、本院において38人が受講した。

また、職員のキャリア意識の高まりや民間企業等におけるキャリア支援の進展等を踏まえ、若手職員に対しても、自身のキャリア形成について考え、仕事や能力開発への意欲を向上させる機会を設けることとして、令和5年度は、20歳台の職員を対象に、キャリア理論に関する学習やグループ討議を内容としたキャリア支援研修20を1回実施し、計32人が受講した。

さらに、キャリア形成支援の取組を全国の職員に展開することとし、令和5年度から7年度までの3年間で、人事院の全地方事務局（所）において実施する体制を整備することとしている。令和5年度は、北海道、中部、沖縄の3か所で実施した。

2　指導者養成研修

人事院が令和5年度に実施した指導者養成研修のねらい及び実施状況は、表2-11及び表2-12のとおりである。

表2-11　指導者養成研修のねらい

研修名	ねらい
研修担当官能力向上研修	各府省等の新任の研修担当官を主たる対象に、その職務遂行に必要な基礎的知識の修得及び企画能力の向上等を図る。
JKET（公務員倫理研修）	公務員倫理について考えることにより、倫理感のかん養を図るとともに実践的能力を付与する。
JST基本コース（仕事と人のマネジメント研修）	仕事の管理や部下の指導等に関する原則を組織的、体系的に理解させるとともに実践的能力を付与する。

表2-12　指導者養成研修の実施状況

研修名 \ 項目	研修日数（日）	実施回数（回）	受講者数（人）
研修担当官能力向上研修	1	1	59
JKET（公務員倫理研修）	3	－	－
JST基本コース（仕事と人のマネジメント研修）	4	2	33
合計	－	3	92

第3章　職員の給与

　職員の給与は、国公法上、法律に基づき定められることとされ（給与法定主義）、社会一般の情勢に適応するよう国会により随時変更でき、その変更に関して人事院は勧告を怠ってはならないとされている。このため、人事院は、俸給表が適当であるかどうかについて、毎年少なくとも1回、国会及び内閣に同時に報告しなければならないとされており、その際、給与を決定する諸条件の変化に応じて適当な勧告をする義務を負っている（情勢適応の原則）。給与法においても、職員の給与額を研究して適当と認める改定等を国会及び内閣に同時に報告することが定められている。

　また、人事院は、給与制度の実施の責めに任じることとされており、その公正妥当な運用を確保するため、所要の規則の制定、給与支払の監理等を行っている。

第1節　給与に関する勧告と報告

1　給与勧告制度の仕組み

（1）給与勧告制度の意義と役割

　国家公務員は、労働基本権が制約されているため、代償措置としての人事院の勧告（給与勧告）に基づき、給与改定が行われる仕組みとなっている。

　国家公務員も勤労者であり、勤務の対価として適正な給与を支給する必要がある。人事院が給与勧告を通じて国家公務員に適正な処遇を確保することは、公務における人材の確保等にも資するものであり、能率的な行政運営を維持する上での基盤となっている。

（2）民間準拠による給与水準の改定等

　給与勧告では、情勢適応の原則に基づき、その時々の経済・雇用情勢等を反映して労使交渉等によって決定される常勤の民間企業従業員の給与水準と常勤の国家公務員の給与水準を均衡させること（民間準拠）を基本としている。また、給与勧告では、俸給制度及び諸手当制度の見直しも行っている。

図3-1　給与勧告の手順

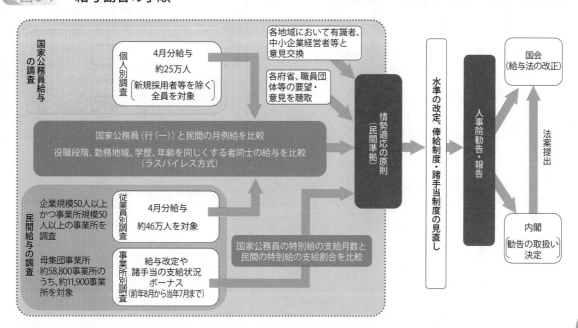

（3）民間給与との比較

　　民間給与との比較は、人事院が実施する「国家公務員給与等実態調査」及び「職種別民間給与実態調査」の結果に基づいて行っている（図3－1）。

　　「職種別民間給与実態調査」の調査対象は、企業規模50人以上、かつ、事業所規模50人以上の事業所としている。これは、企業規模50人以上の多くの民間企業は公務と同様の役職段階を有し、公務と同種・同等の者同士による給与比較が可能であることに加え、現行の調査対象となる事業所数であれば、調査の精確性を維持することができること等によるものである（図3－2）。

〔月例給の比較〕

　　月例給については、主な給与決定要素を同じくする者同士の4月分給与を比較している。給与は、一般的に、職種を始め、役職段階、勤務地域、学歴、年齢等の要素を踏まえてその水準が定まっていることから、比較に際しては、両者の給与の単純な平均値ではなく、給与決定要素を合わせた精密な比較（同種・同等比較）を行っている（図3－2）。

〔特別給の比較〕

　　特別給については、前年8月から当年7月までの直近1年間の民間の特別給（ボーナス）の支給実績を、公務員の特別給（期末手当及び勤勉手当）の年間支給月数と比較している。

図3-2　民間給与との比較

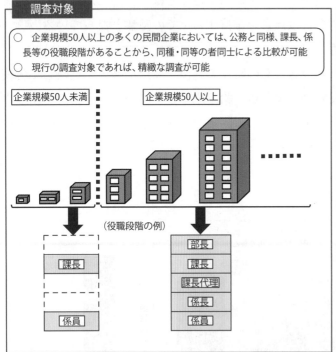
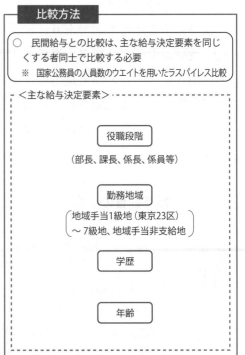

❷　令和5年の給与に関する勧告・報告

　令和5年8月7日、人事院は国会及び内閣に対し、一般職の職員の給与について報告及び勧告を行った。その内容は第1部Ⅰ第2章第1節に掲げるとおりである。

❸　公務員給与の実態調査

　民間給与との比較のための基礎となる国家公務員の給与の状況を把握するため、各府省の協力を得て実施した「令和5年国家公務員給与等実態調査」の概要は、次のとおりである。

（1）令和5年調査の概要

ア　調査の対象

　　　令和5年1月15日現在に在職する給与法、任期付研究員法、任期付職員法の適用を受ける職員（休職者、派遣職員（専ら派遣先の業務に従事する職員に限る。）、在外公館勤務者等を除く。）

イ　調査項目

　　　俸給、諸手当の受給状況、年齢、学歴、採用試験の種類等

ウ　調査の集計

　　　令和5年4月1日における給与等の状況を集計

（2）令和5年調査結果の概要

ア　職員の構成

　　　国家公務員の人数は、252,790人となっている（図3－3）。また、全職員の平均年齢は42.3歳であり、昨年と比べ0.2歳低くなっている（図3－4）。

図3-3　職種別職員数

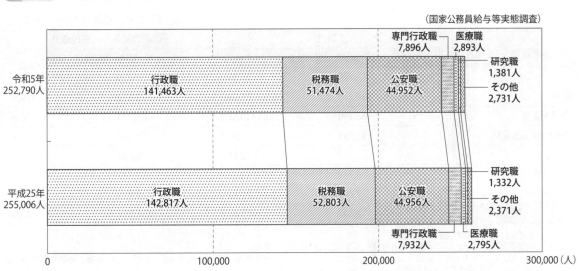

（国家公務員給与等実態調査）

（注）1　職員数は、給与法、任期付研究員法及び任期付職員法が適用される4月1日現在の在職者（新規採用者、再任用職員、休職者、派遣職員（専ら派遣先の業務に従事する職員に限る。）、在外公館勤務者等は含まない。）である（以下、図3-4、表3-1及び表3-2において同じ。）。
　　2　行政職のうち、行政職俸給表（一）適用の在職者は、令和5年が139,522人（55.2%）、平成25年が139,545人（54.7%）である。

図3-4　平均年齢の推移

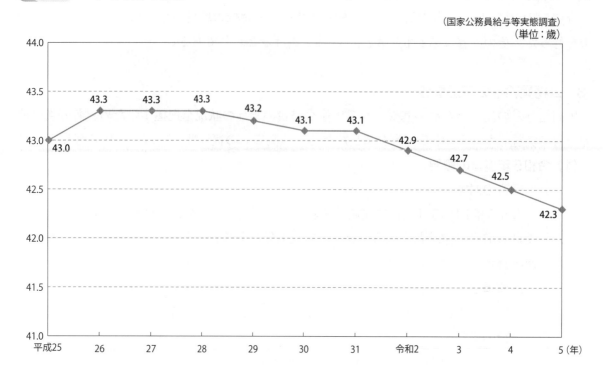

（国家公務員給与等実態調査）
（単位：歳）

イ　職員の給与

　　令和5年4月1日における平均給与月額及び諸手当の受給状況は、表3－1及び表3－2のとおりである。

表3-1　給与種目別平均給与月額

（令和5年国家公務員給与等実態調査）

区分 給与種目	全職員 平均月額（構成比）		行政職俸給表（一）適用職員 平均月額（構成比）	
	円	%	円	%
俸給	334,218	（81.0）	322,487	（79.8）
地域手当等	43,290	（10.5）	43,800	（10.8）
俸給の特別調整額	11,994	（2.9）	12,688	（3.1）
扶養手当	9,027	（2.2）	8,602	（2.1）
住居手当	6,769	（1.6）	7,447	（1.8）
その他	7,449	（1.8）	8,991	（2.2）
合計	412,747	（100.0）	404,015	（100.0）

（注）1　「俸給」には、俸給の調整額を含む。
　　　2　「地域手当等」には、異動保障による地域手当及び広域異動手当を含む。
　　　3　「その他」は、本府省業務調整手当、単身赴任手当（基礎額）、寒冷地手当、特地勤務手当等であり、通勤手当、特殊勤務手当、超過勤務手当等の実費弁償又は実績給である給与は含まない。

表3-2　主な手当の受給者数、受給者割合及び受給者平均手当月額

（令和5年国家公務員給与等実態調査）

給与種目	受給者数	受給者割合	受給者平均手当月額
地域手当	206,721人	81.8%	49,629円
通勤手当	203,468人	80.5%	13,981円
扶養手当	114,080人	45.1%	20,003円
住居手当	66,776人	26.4%	25,625円
俸給の特別調整額	43,594人	17.2%	69,548円
広域異動手当	34,204人	13.5%	19,993円
寒冷地手当	25,086人	9.9%	6,635円
単身赴任手当	18,087人	7.2%	46,640円

4　民間給与の実態調査

公務員給与を適切に決定するための基礎資料を得ることを目的として、都道府県、政令指定都市等の人事委員会と共同で実施した「令和5年職種別民間給与実態調査」の概要は、次のとおりである。

（1）令和5年調査の概要

ア　調査対象事業所

企業規模50人以上、かつ、事業所規模50人以上の全国の民間事業所58,818事業所。

イ　調査事業所

調査対象事業所を都道府県、政令指定都市等別に組織、規模、産業により911層に層化し、これらの層から無作為に抽出した11,864事業所。

ウ　調査方法・内容

令和5年4月24日から同年6月16日までの間において、令和5年4月分として支払われた給与月額等について、人事院及び人事委員会の職員による調査を実施。

エ　集計の方法

総計及び平均値の算出に際しては、母集団に復元。

（2）令和5年調査結果の概要

ア　調査完了事業所

調査完了事業所は、資料3－1のとおりであり、調査完了率は82.6%となっている。

イ　調査実人員

公務と類似すると認められる76職種（行政職（一）相当職種22職種、その他の職種54職種）の調査実人員は、行政職（一）相当職種が413,737人（初任給関係 26,406人、初任給関係以外 387,331人）であり、その他の職種が47,327人（初任給関係 2,064人、初任給関係以外 45,263人）である。

なお、初任給関係以外の調査職種該当者の推定数は4,153,876人であり、このうち、行政職（一）相当職種は3,413,516人である。

ウ　初任給、職種別給与及び給与改定等の状況

初任給、職種別給与及び給与改定等の状況については、資料3－2から資料3－4までのとおりである。

第2節　給与法の実施等

1　給与法の改正に伴う規則改正等

　民間給与との較差に基づく給与改定に関する規則は、「一般職の職員の給与に関する法律等の一部を改正する法律」（令和5年法律第73号）の公布日に公布・施行し、下記（1）ア、ウ及びエ（特定任期付職員の俸給月額の切替えに関する規則を除く。）は令和5年4月1日に遡及して適用した。ただし、下記（1）イのうち令和6年度以降の勤勉手当に関する規則改正は、令和6年4月1日から施行した。また、在宅勤務等手当の新設に関する規則については、同年1月23日に公布し、同年4月1日から施行した。

　主な制定・改正の内容は次のとおりである。

（1）民間給与との較差に基づく給与改定に関するもの

ア　初任給調整手当

　医療職俸給表（一）の平均改定率を踏まえた手当額の引上げを行うため、規則9－34（初任給調整手当）の一部を改正した。

イ　期末・勤勉手当

　期末・勤勉手当の支給月数が引き上げられたことに伴い、令和5年12月期及び令和6年度以降の勤勉手当の成績率の基準を定めるため、規則9－40（期末手当及び勤勉手当）の一部を改正した。

ウ　非常勤職員の委員等の手当

　非常勤の委員、顧問、参与等に支給される手当について、指定職俸給表の改定状況を踏まえた支給限度額の引上げに伴い、あらかじめ人事院の承認を得たものとみなす額の引上げを行うため、規則9－1（非常勤職員の給与）の一部を改正した。

エ　その他

　俸給表の引上げ改定に伴い、職員が昇格等をした場合に決定される号俸を変更するため、規則9－8（初任給、昇格、昇給等の基準）の一部を改正するとともに、新たに規則9－150（令和5年改正法附則第2条の規定による最高の号俸を超える俸給月額を受ける特定任期付職員の俸給月額の切替え）を制定した。

（2）在宅勤務等手当の新設に関するもの

ア　在宅勤務等手当

　在宅勤務等手当の新設に伴い、「在宅勤務等の場所」、「正規の勤務時間から除かれる時間」及び「1箇月当たりの在宅勤務等の平均日数を算出するための基礎となる期間」等について規定するため、規則9－151（在宅勤務等手当）を制定した。

イ　通勤手当

　在宅勤務等手当の新設に伴い、回数乗車券等を使用することが最も経済的かつ合理的であると認められる普通交通機関等の場合は、在宅勤務等手当を支給される職員には、1か月当たりの平均通勤所要回数分に応じた運賃等の額を支給するため、規則9－24（通勤手当）の一部を改正した。

2　行政組織の新設等に伴う規則改正

　行政組織の新設・改廃、官職の新設等に伴い、俸給の特別調整を行う官職の新規指定を行う

ため規則9 – 17（俸給の特別調整額）の一部を改正したほか、規則9 – 123（本府省業務調整手当）等の一部を逐次改正した。

③ 級別定数の設定・改定等

（1）級別定数の設定・改定等に関する意見の申出等

　　職員の給与は、その職務と責任等に応じて決められる俸給表及び職務の級に基づいて支給され、職員の職務の級は級別定数の枠内で決定することとされている。級別定数は、府省ごとに、職員の職務をその複雑、困難及び責任の度に応じて各俸給表の職務の級別に分類し、その職務の級ごとの適用職員数（枠）を、会計別、組織別及び職名別に定めたものであり、各府省において、適正・妥当な職務の級の決定が行われるよう、給与格付の統一性、公正性を確保する役割を担っている。具体的には、各俸給表の職務の級ごとに定められた標準的な職務を基準とし、職員の担当する職務の困難度や責任の程度等を踏まえ、当該職務の遂行に必要な資格、能力や経験等の内容も考慮して級別定数が設定される。

　　級別定数の設定・改定及び指定職俸給表の号俸の決定は、組織管理の側面を持つことから内閣総理大臣の所掌に属するものとされているが、級別定数等は、職員の給与決定の基礎となる勤務条件であり、その設定・改定等に当たって、労働基本権制約の代償機能が十分に確保される必要があることから、「内閣総理大臣は、職員の適正な勤務条件の確保の観点からする人事院の意見については、十分に尊重するもの」と給与法で定められている。この人事院の意見は、憲法上保障された労働基本権制約の代償機能として、職員の適正な勤務条件を確保する観点から内閣総理大臣に提出するものであり、国会及び内閣に対し、その完全実施を要請している人事院勧告と同様の性格を有するものである。

　　級別定数等については、行政需要の増大や行政の複雑・多様化等に伴う業務の変化に対応し、能率的な行政運営を推進するとともに、適正かつ安定した人事運用を確保するため、毎年、所要の見直しを行ってきている。令和5年度においても、令和5年8月末の各府省要求に始まる予算編成過程において、人事院は労使双方の意見を聴取して級別定数の設定・改定等に関する案を作成し、予算概算閣議決定前の令和5年12月21日に意見として内閣総理大臣に提出した。この人事院の意見を反映した予算の成立を視野に、人事院は各府省における級別定数の運用に必要な事項等を加えた級別定数等に係る意見の申出を令和6年3月28日に内閣総理大臣に行った。人事院の意見の申出を受けて、内閣総理大臣は、意見の申出どおり級別定数の設定・改定等を行った。

　　意見の作成に当たって、人事院は、公務組織の円滑な運営及び職員の士気の維持・高揚を図る必要性並びに職員構成の変化による世代間の大きな不公平や府省間の著しい不均衡が生じないこと等に配慮しつつ、職務・職責の内容・程度、職務の遂行に必要な資格、能力や経験等の内容に応じた適切な給与上の評価を行うとともに、必要性の薄くなった定数については積極的に回収を進めるなど、各府省の実情を踏まえたものとしている。

　　このほか、令和5年度の年度途中において政府が行った機構の新設及び定員の増減等に対応して、人事院は、級別定数の設定・改定等に関する意見の申出を2件行った。人事院の意見の申出を受けて、内閣総理大臣は、いずれも意見の申出どおり級別定数の設定・改定等を行った。

（2）職務の級の決定等の審査

　　職員の採用、昇格、昇給に当たっての給与決定については、規則9－8等に定める基準に従い、各府省において決定できることとしている。ただし、本府省の企画官等の標準的な職務の級である行政職俸給表（一）7級以上の上位級への決定において基準どおりでない例外的な給与決定に係る案件や、民間における特に有用な知識・経験を有する者の初任給決定における特例的な決定を行う案件等については、人事院への協議を必要としている。このため、人事院は各府省からの個別の協議に応じ、審査を行った。

4　独立行政法人等の給与水準の公表

　　総務大臣が定める給与水準公表のガイドライン等に基づき、独立行政法人、国立大学法人、特殊法人及び認可法人等の給与水準が公表されている。人事院は、これら法人（令和5年度188法人）による給与水準の公表に当たり、各法人と国家公務員との給与の比較指標等を作成、提供するなど、専門機関として必要な協力を行った。

資料3-1　　令和5年職種別民間給与実態調査の産業別、企業規模別調査事業所数

(単位：所)

産業 ＼ 企業規模	規模計	3,000人以上	1,000人以上 3,000人未満	500人以上 1,000人未満	100人以上 500人未満	50人以上 100人未満
産業計	9,659	1,644	1,237	1,249	3,894	1,635
農業、林業、漁業	26	0	0	0	8	18
鉱業,採石業,砂利採取業、建設業	756	141	83	78	261	193
製造業	4,012	465	529	555	1,760	703
電気・ガス・熱供給・水道業、情報通信業、運輸業,郵便業	1,683	315	223	198	632	315
卸売業,小売業	762	130	113	126	300	93
金融業,保険業、不動産業,物品賃貸業	385	145	91	49	85	15
教育,学習支援業、医療,福祉、サービス業	2,035	448	198	243	848	298

（注）1　上記調査事業所のほか、企業規模、事業所規模が調査対象となる規模を下回っていたため調査対象外であることが判明した事業所が174所、調査不能の事業所が2,031所あった。
　　　2　調査対象事業所11,864所から企業規模、事業所規模が調査対象外であることが判明した事業所174所を除いた11,690所に占める調査完了事業所9,659所の割合（調査完了率）は、82.6%である。
　　　3　「サービス業」に含まれる産業は、日本標準産業大分類の「学術研究,専門・技術サービス業」、「宿泊業,飲食サービス業」、「生活関連サービス業,娯楽業」、「複合サービス事業」及び「サービス業（他に分類されないもの）」（宗教及び外国公務に分類されるものを除く。）である。

資料3-2　民間の職種別、学歴別、企業規模別初任給

（令和5年職種別民間給与実態調査）

（単位：円）

職種		学歴	企業規模計	500人以上	100人以上 500人未満	50人以上 100人未満
事務・技術関係	新卒事務員	大学院修士課程修了	233,806	240,572	227,706	212,799
		大学卒	211,094	214,418	207,301	209,280
		短大卒	184,336	187,052	181,785	183,421
		高校卒	173,442	176,228	171,834	169,638
	新卒技術者	大学院修士課程修了	239,965	246,309	232,493	218,601
		大学卒	215,365	222,712	212,648	203,552
		短大卒	197,063	202,243	193,734	190,593
		高校卒	176,793	178,723	175,346	175,791
	新卒事務員・技術者計	大学院修士課程修了	238,061	244,580	231,046	216,194
		大学卒	212,716	216,996	209,630	206,715
		短大卒	191,186	195,079	188,254	187,465
		高校卒	175,370	177,647	173,850	173,347
その他	新卒船員	海上技術学校卒	x	―	―	x
	新卒大学助教	大学卒	＊ 321,894	x	x	―
	新卒高等学校教諭	大学卒	216,137	＊ 233,650	213,603	
	新卒研究員	大学卒	219,146	222,868	＊ 215,945	x
	新卒研究補助員	短大卒	＊ 192,749	＊ 193,341	x	
		高校卒	＊ 172,966	＊ 175,778	＊ 171,885	
	準新卒医師	大学卒	404,210	408,244	＊ 327,575	―
	準新卒薬剤師	大学卒	230,462	229,941	＊ 234,248	―
	準新卒診療放射線技師	養成所卒	211,337	＊ 202,324	＊ 223,942	
	新卒栄養士	短大卒	166,270	＊ 167,282	＊ 161,370	
	準新卒看護師	養成所卒	217,012	221,236	212,791	x
	準新卒准看護師	養成所卒	182,737	＊ 191,228	176,726	―

（注）1　金額は、基本給のほか事業所の従業員に一律に支給される給与を含めた額（採用のある事業所の平均）であり、時間外手当、家族手当、通勤手当等、特定の者にのみ支給される給与は除いている。
　　　2　「準新卒」とは、令和4年度中に資格免許を取得し、令和5年4月までの間に採用された者をいう。
　　　　　なお、医師については、令和2年3月大学卒業後、令和2年度中に免許を取得し、2年間の臨床研修を修了した後、令和5年4月までの間に採用された者に限っている。
　　　3　「x」は、調査事業所が1事業所の場合である。
　　　4　「＊」は、調査事業所が10事業所以下であることを示す。

（令和5年職種別民間給与実態調査）

職種名	調査実人員	調査人員（復元後）	平均年齢	令和5年4月分平均支給額				備考
				きまって支給する給与（A）	うち時間外手当（B）	(A－B)	うち通勤手当	
	人	人	歳	円	円	円	円	
支 店 長	763	4,341	53.8	776,427	4,451	771,976	24,553	構成員50人以上の支店（社）の長（取締役兼任者を除く。）
事 務 部 長	13,716	113,602	52.5	731,547	4,752	726,795	14,507	2課以上又は構成員20人以上の部の長 職能資格等が上記部の長と同等と認められる部の長及び部長級専門職（取締役兼任者を除く。）
事 務 部 次 長	5,227	40,453	52.1	646,099	4,329	641,770	14,267	上記部長に事故等のあるときの職務代行者 職能資格等が上記部の次長と同等と認められる部の次長及び部次長級専門職 中間職（部長－課長間）
事 務 課 長	27,319	246,488	49.2	625,246	14,418	610,828	16,128	2係以上又は構成員10人以上の課の長 職能資格等が上記課の長と同等と認められる課の長及び課長級専門職
事 務 課 長 代 理	11,478	103,415	46.1	555,992	71,399	484,593	23,603	上記課長に事故等のあるときの職務代行者 課長に直属し部下に係長等の役職者を有する者 課長に直属し部下4人以上を有する者 職能資格等が上記課長代理と同等と認められる課長代理及び課長代理級専門職 中間職（課長－係長間）
事 務 係 長	28,688	219,795	45.3	483,577	60,886	422,691	15,608	係の長及び係長級専門職
事 務 主 任	25,842	203,849	42.3	418,932	54,537	364,395	15,284	係長等のいる事業所における主任 係長等のいない事業所における主任のうち、課長代理以上に直属し、部下を有する者 係長等のいない事業所において、職能資格等が上記主任と同等と認められる主任 中間職（係長－係員間）
事 務 係 員	103,223	944,597	37.5	345,272	42,962	302,310	12,406	
工 場 長	458	2,111	54.3	731,657	2,192	729,465	10,263	構成員50人以上の工場の長（取締役兼任者を除く。）
技 術 部 長	8,912	56,947	52.9	704,930	4,285	700,645	11,599	事務部長に同じ。
技 術 部 次 長	3,057	19,813	52.3	646,766	7,906	638,860	14,068	事務部次長に同じ。
技 術 課 長	23,269	174,722	49.7	606,279	12,159	594,120	11,251	事務課長に同じ。
技 術 課 長 代 理	7,921	64,810	46.7	533,093	46,553	486,540	11,538	事務課長代理に同じ。
技 術 係 長	23,708	176,387	45.9	511,739	78,431	433,308	11,056	事務係長に同じ。
技 術 主 任	23,580	172,150	42.8	439,393	69,867	369,526	11,142	事務主任に同じ。
技 術 係 員	80,170	870,037	35.9	363,416	56,153	307,263	8,790	

（注）1 「中間職（部長－課長間）」とは、部長と課長の両方がいる場合で、役職、職能資格又は給与上の等級（格付）から職責が部長と課長の間に位置付けられる者をいう。
　　　2 「中間職（課長－係長間）」とは、課長と係長の両方がいる場合で、役職、職能資格又は給与上の等級（格付）から職責が課長と係長の間に位置付けられる者をいう。
　　　3 「中間職（係長－係員間）」とは、係長と係員の両方がいる場合で、役職、職能資格又は給与上の等級（格付）から職責が係長と係員の間に位置付けられる者をいう。

資料 3-4　民間の給与改定等の状況

（令和5年職種別民間給与実態調査）

1　ベース改定の状況

（単位：%）

役職段階＼項目	ベースアップ実施	ベースアップ中止	ベースダウン	ベース改定の慣行なし
係　員	47.3	3.5	0.3	48.9
課　長　級	42.4	4.2	0.2	53.3

（注）　ベース改定の慣行の有無が不明及びベース改定の実施が未定の事業所を除いて集計した。

2　定期昇給の実施状況

（単位：%）

役職段階＼項目	定期昇給制度あり	定期昇給実施	増額	減額	変化なし	定期昇給中止	定期昇給制度なし
係　員	87.1	86.5	37.4	2.7	46.4	0.6	12.9
課　長　級	81.2	80.4	33.1	2.3	45.0	0.8	18.8

（注）　定期昇給の有無が不明、定期昇給の実施が未定及びベース改定と定期昇給を分離することができない事業所を除いて集計した。

| 第4章 | 職員の生涯設計 |

本格的な高齢社会の進展に対応し、定年制度や再任用制度の円滑な実施、職員の退職後の生涯設計に必要な情報の提供、定年の引上げの円滑な実施に向けた対応等の施策を進めてきている。

第1節　定年退職及び再任用制度の状況等

1　定年退職及び勤務延長の状況

国家公務員の定年を段階的に65歳まで引き上げること等を内容とする「国家公務員法等の一部を改正する法律」（令和3年法律第61号）（以下「令和3年改正法」という。）が令和5年4月1日から施行された。この法律においては、令和13年4月1日に定年が65歳となるよう、令和5年4月1日から2年に1歳ずつ定年を引き上げることとされており、令和5年度における定年は、一部を除き原則61歳となっている（令和3年改正法による改正前の国公法において、職務や責任の特殊性等から60歳を超える定年が定められていた職員（例：医師65歳、事務次官62歳）については、引き続き当該年齢が定年となる。）。定年を65歳とすることが職務や責任の特殊性等から著しく不適当な官職（例：矯正施設で勤務する医師）の定年については、66～70歳の範囲内で定める年齢（特例定年）とされ、令和5年度における定年は66歳となっている。

表4-1　令和4年度定年退職者数

（単位：人）

合計	給与法適用職員	行政執行法人職員
5,834	5,610	224

表4-2　令和5年度に勤務延長により勤務した職員

（単位：人）

	勤務延長により勤務した職員	新規	勤務延長の期限の延長	勤務延長の期限の再延長
給与法適用職員	1,527	1,490	15	23
行政執行法人職員	2	2	0	0

（注）　給与法適用職員については、「勤務延長の期限の延長」により勤務した職員で年度途中に「勤務延長の期限の再延長」をされたものがいるため、「勤務延長により勤務した職員」と各区分の合計は一致しない。

2　再任用制度の実施状況

定年の段階的な引上げに伴い、平成13年度に導入された再任用制度（以下「旧再任用制度」という。）は令和4年度をもって廃止された。令和4年度に旧再任用制度で再任用された職員は、18,487人（給与法適用職員17,805人、行政執行法人職員682人）である。これまでの給与法適用職員の再任用の実施状況は図4－1のとおり短時間勤務が中心となっている。他方、民間企業の再雇用制度ではフルタイム勤務者の割合が非常に高くなっている（図4－2）。

定年の段階的な引上げ期間中は、経過措置として、65歳まで再任用できるよう旧再任用制度と同様の仕組み（暫定再任用制度）が設けられている。また、旧再任用制度で採用された再任用職員で、令和5年4月1日を迎えた職員は、施行日において暫定再任用職員として採用されたものとみなされる（任期は従前の再任用職員としての任期の残任期間と同じ。）。

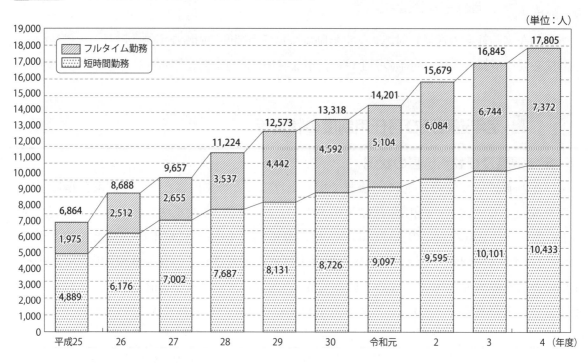

図4-1　年度別再任用職員数（給与法適用職員）

（単位：人）

凡例：
- フルタイム勤務
- 短時間勤務

年度	短時間勤務	フルタイム勤務	合計
平成25	4,889	1,975	6,864
26	6,176	2,512	8,688
27	7,002	2,655	9,657
28	7,687	3,537	11,224
29	8,131	4,442	12,573
30	8,726	4,592	13,318
令和元	9,097	5,104	14,201
2	9,595	6,084	15,679
3	10,101	6,744	16,845
4	10,433	7,372	17,805

図4-2　高齢期雇用をめぐる公務と民間の現状

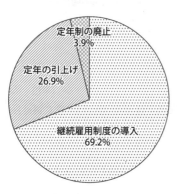

民間の高年齢者雇用確保措置の状況

- 定年制の廃止　3.9%
- 定年の引上げ　26.9%
- 継続雇用制度の導入　69.2%

令和5年「高年齢者雇用状況等報告」
集計結果（厚生労働省）を基に人事院が
作成

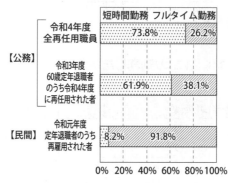

公務（行（一））と民間（事務・技術関係職種）の勤務形態の比較

	短時間勤務	フルタイム勤務
【公務】令和4年度全再任用職員	73.8%	26.2%
【公務】令和3年度60歳定年退職者のうち令和4年度に再任用された者	61.9%	38.1%
【民間】令和元年度定年退職者のうち再雇用された者	8.2%	91.8%

0% 20% 40% 60% 80% 100%

公務：令和5年「再任用実施状況報告」
　　　（内閣人事局・人事院）
民間：令和2年「民間企業の勤務条件制度等調査」
　　　（人事院）

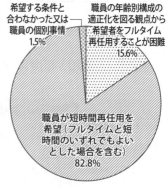

公務で短時間再任用となった主な事情（新規のうち令和3年度に60歳で定年退職した者）（行（一））

- 希望する条件と合わなかった又は職員の個別事情　1.5%
- 職員の年齢別構成の適正化を図る観点から希望者をフルタイム再任用することが困難　15.6%
- 職員が短時間再任用を希望（フルタイムと短時間のいずれでもよいとした場合を含む）　82.8%

令和5年「再任用実施状況報告」
（内閣人事局・人事院）

3　定年の引上げの円滑な実施に向けた対応

　定年の段階的な引上げが各府省等で円滑に行われるよう、各府省等に対し、60歳以降に適用される任用、給与、退職手当の制度を取りまとめた情報提供パンフレット等を作成し、提供するとともに、本府省及び地方機関等の人事担当者等を対象に、定年の段階的引上げに関する各種制度について理解を深めてもらうため、オンライン形式による制度説明会を令和5年5月及び9月に実施した。また、定年引上げに関して職員から多く寄せられた質問をFAQとして取りまとめ人事院ホームページにて公開した。さらに、定年の段階的な引上げが始まることに

よって、シニア職員（60歳以上の職員）の在職者数の増加に伴う中堅・若手職員の昇格など
への影響が生じ得る状況となっていることを踏まえ、令和4年12月に各府省に提示した「令和
6年度における級別定数措置に関する考え方」に沿って級別定数の改定を行った。

第2節　生涯設計セミナーの実施等

　人事院の本院及び各地方事務局（所）では、50歳台の職員及び40歳台の職員を対象に、定
年制度、再任用制度、年金制度等に関する情報提供や参加職員による討議を通して生涯設計に
ついて考える機会を提供する「生涯設計セミナー」を実施している。

　令和5年度は、対面形式で20回、オンライン形式で9回実施し、865人が参加した。

　このほか、定年後の家計、健康管理等を考える際に役立つ具体的な情報をまとめた冊子「新
たなステップを踏み出すために（令和5年度版）」を作成、配布した。

　また、人事院ホームページでは、定年・再任用制度、退職手当・公的年金・社会保険制度、
定年後の仕事の選択、定年後の家計等、職員が生涯設計を考える際に必要となる情報を提供し
ている。

第1編

第2部

令和5年度業務状況

第1節　勤務時間及び休暇等

　職員の勤務時間・休暇等は、職員の基本的な勤務条件であり、国公法第28条の情勢適応の原則の適用を受けて、勤務時間法において具体的事項が定められている。人事院は、同法の実施の責めに任ずることとされており、規則15－14（職員の勤務時間、休日及び休暇）等を制定するとともに、実際に制度の運用に当たる各府省と協力して、職員の適正な勤務条件の確保に努めている。

　なお、職員の勤務時間・休暇等の変更に関しては、勤務時間法において、人事院は勤務時間・休暇等の制度に関する調査研究を行い、その結果を国会及び内閣に報告するとともに、必要に応じ、適当と認める改定を勧告することとされている。

1　超過勤務・年次休暇の使用の状況

　職員の勤務時間は、原則として1日7時間45分、週38時間45分とされているが、公務のため臨時又は緊急の必要がある場合には、超過勤務を命ずることができる。超過勤務の状況について、令和5年国家公務員給与等実態調査によると、令和4年の年間総超過勤務時間数は、全府省平均で220時間であった。これを組織区分別に見ると、本府省では397時間、本府省以外では179時間であった。また、超過勤務時間が年360時間以下の職員の割合を見ると80.3％であった。

　また、国家公務員の超過勤務については、規則15－14により、超過勤務を命ずることができる上限を設定している。ただし、大規模災害への対処等の重要な業務であって特に緊急に処理することを要する業務に従事する職員に対しては、上限を超えて超過勤務を命ずることができる。令和4年度の超過勤務の上限を超えた職員の状況は、表5－1から表5－3までのとおりである。

表5-1　上限を超えて超過勤務を命ぜられた職員の割合（他律部署）

	全体	本府省	本府省以外
いずれかの上限を超えた職員	16.0%	28.5%	3.3%

(注) 数値は、それぞれにおける他律部署の年度末定員の総数を100％とした場合のもの（次表についても同様）。

〔上限別で見た場合〕

上限	全体	本府省	本府省以外
1月100時間未満	7.4%	13.5%	1.1%
年720時間以下	7.0%	13.0%	0.9%
2～6月平均80時間以下	10.5%	19.1%	1.7%
月45時間超は年6回まで	13.0%	23.3%	2.5%

表5-2　上限を超えて超過勤務を命ぜられた職員の割合（自律部署）

	全体	本府省	本府省以外
いずれかの上限を超えた職員	7.7%	15.3%	7.2%

（注）数値は、それぞれにおける自律部署の年度末定員の総数を100%とした場合のもの（次表についても同様）。

〔上限別で見た場合〕

上限	全体	本府省	本府省以外
1月45時間以下	6.9%	13.9%	6.5%
年360時間以下	4.6%	9.7%	4.3%

表5-3　他律部署の指定状況

全体	本府省	本府省以外
26.8%	77.7%	16.0%

（注）数値は、それぞれにおける年度末定員の総数を100%とした場合の他律部署の年度末定員の総数の割合。

　職員の年次休暇は、原則として1年につき20日とされ、令和5年国家公務員給与等実態調査によると、令和4年の1人当たり平均使用日数は15.5日であり、組織区分別に見ると、本府省では13.0日、本府省以外では16.1日となっていた。

2　勤務時間・休暇制度等に関する調査研究

（1）公務における勤務時間・休暇制度等運用状況調査

　公務における勤務時間・休暇制度等の適正な運用を図るとともに、これら制度の検討に資するため、国の官署を対象に、勤務時間、休暇、育児休業等に関する諸項目について、その運用状況の調査を実施している。

　令和5年度は、各地方事務局（所）において、42官署について調査し、各官署における勤務時間・休暇制度等の運用実態を把握するとともに、これら制度に関する意見・要望の聴取等を行った。

　調査の結果、全体的にはおおむね良好に処理されていると認められたものの、一部に法規の理解不足等に起因する誤りが認められたので、その是正の確保を図るため、必要な指導を行った。

　令和4年度までの調査結果については、誤りやすい事例や特に注意を要する不適正事例を各省に示し、勤務時間・休暇制度等の適正な運用の徹底を図った。

　また、第1部Ⅰ第1章第3節2（1）に記載した勤務時間調査・指導室が実施する勤務時間の管理等に関する調査も勤務時間・休暇制度等運用状況調査として実施している。

　令和5年度に勤務時間調査・指導室が実施した調査では、対象となる職員ごとに客観的に記録された在庁時間と超過勤務時間を突合し、大きなかい離があればその理由を確認するなどして、客観的な記録を基礎とした超過勤務時間の適正な管理等について指導を行った。具体的には、本府省の19機関を調査するとともに、同室が地方の5官署を直接訪問する形式の調査を新たに実施し、合計で約1,200人の直近1月分の在庁時間と超過勤務時間のデータを突合した。その結果、超過勤務時間はおおむね適正に管理されていたものの、一部で超過勤務時間が適正に記録されていない事例があり必要な指導を行った。その後、

該当府省において適切な対応がなされ、超過勤務手当の追給や返納などが行われた。さらに、他律部署・特例業務の範囲が必要最小限のものとなるよう指導を行ったほか、管理職員のマネジメントに関する助言等を行った。

（2）民間企業の勤務条件制度等調査

国家公務員の勤務条件の諸制度を検討するための基礎資料を得ることを目的として、毎年、「民間企業の勤務条件制度等調査」を行っている。

令和4年の調査は、全国に所在する企業規模50人以上の企業のうち、無作為に抽出した7,556社を対象として、令和4年10月1日現在における労働条件等の諸制度について調査を実施した。また、調査の回答は、全ての調査項目についてオンライン調査システムを利用した回答も可能とした。

本調査結果のうち、休暇制度に関するものについて見ると、季節的な休暇制度がある企業における休暇を使用できる時期は、夏季（7〜9月）及び冬季（1月・12月）が多く、次いで6月・10月であった。この結果も踏まえ、夏季休暇の使用可能期間の見直し（第1部Ⅰ第1章第3節1（1）ウ参照）を行った。

第2節　健康安全対策

職員の健康の保持増進を図るとともに、職場の安全を確保するため、規則10－4（職員の保健及び安全保持）等を定めている。これらの規則に従い、各府省は健康安全管理のための措置を実施しており、制度の円滑な運営を確保するため、人事院が、総合的な指導、調整等を行っている。

1　健康の保持増進

（1）心の健康づくり対策

近年、長期病休者のうち、心の健康の問題による長期病休者が6〜7割を占める状況となっており、心の健康に関し、職員の状況に応じて、1次予防（健康不全の未然防止）、2次予防（健康不全の早期発見、早期対処）及び3次予防（職場復帰支援、再発防止）の各取組を推進していくことがますます重要となっている。

こうした状況を踏まえ、人事院としては、「職員の心の健康づくりのための指針」（平成16年勤務条件局長通知）に基づき、以下のような各府省における職員の心の健康づくり対策に重点的に取り組んできている。

ア　心の健康づくり研修の開催、職員の意識啓発のためのガイドブックの作成等、心の健康づくりの推進を図ってきている。令和5年度においては、6月に本院において、本府省の健康管理担当者等を対象とする「各府省意見交換会（メンタルヘルス対策）」を初めて実施し、心の健康の問題による長期病休者が増加する中でのメンタルヘルス対策について、各府省における実態や取組等を共有し、意見交換を行った。また、10月には、「国家公務員健康週間」の取組として、各府省における心の健康づくりの施策の効果的な実施を図ることを目的に、「心の健康づくり対策推進のための各府省連絡会議」を実施し、メンタルヘルス対策や職場環境改善、復職時の再発防止対策等について、各府省の取組状況等の共有を行った。さらに、メンタルヘルスに関するガイ

ドブックやセルフケアに関する自習用教材を周知し、職員の意識啓発を図った。

イ　職員の心の不調を未然に防止することが重要であるとの認識に基づき、平成27年12月にストレスチェック制度を導入したところであり、各府省において実施されている。また、過度のストレスがなく、いきいきとした職場の実現を目指す職場環境改善について、平成28年11月に「「心の健康づくりのための職場環境改善」について」（平成28年職員福祉局長通知）を各府省に提示し、各府省のより積極的な取組を支援してきている。また、令和4年2月に人事院心の健康づくり指導委員会職場環境改善ワーキンググループにおいて取りまとめられた、「ストレスチェックにおける職場環境改善の取組について～職場環境改善とハラスメント予防について～」報告書を踏まえ、ストレスチェックを活用した職場環境改善の具体的な取組等について各府省へ周知し、各府省に更なる取組を求めている。令和5年度においては、職場環境の改善に当たり、改善策の検討及び実施を支援する者等を対象にしたファシリテータ研修を人事院の本院及び各地方事務局（所）（全国5か所）において実施した。

ウ　心の不調を早期に発見し早期に対処するための取組として、専門の医師等が対応し、各府省の職員、家族等が利用できる「こころの健康相談室」（全国10か所に設置）を開設している。令和5年度における相談件数は、合計290件であった。若年者や遠方に居住する職員が利用しやすい環境の整備を図るため、令和4年度から本院及び一部の地方事務局においてオンライン相談を導入し、令和5年度には全ての窓口にオンライン相談を拡充した。

エ　心の健康の問題による長期病休者の職場復帰及び再発防止に関して、専門の医師が相談に応じる「こころの健康にかかる職場復帰相談室」（全国10か所に設置）を開設している。令和5年度における相談件数は、合計152件であった。

(2) 精神及び行動の障害による長期病休者数調査

職員の心の健康づくりに関する施策の検討に資するため、一般職の国家公務員のうち、令和4年度において引き続いて1月以上の期間、精神及び行動の障害のため勤務しなかった者について、「精神及び行動の障害による長期病休者数調査」を実施した。この調査は、5年に一度実施している「国家公務員長期病休者実態調査」を実施しない年度に実施している。

令和4年度における精神及び行動の障害による長期病休者は5,389人（全職員の1.92%）であり、前年度より629人増加している。性別に見ると男性は3,710人（全男性職員の1.72%）、女性は1,679人（全女性職員の2.61%）となっている（表5−4、図5−1）。

表5-4　**精神及び行動の障害による長期病休者数及び全職員に占める割合の推移**

	平成30年度	令和元年度	令和2年度	令和3年度	令和4年度
総数	3,818人 1.39%	4,186人 1.51%	4,277人 1.54%	4,760人 1.70%	5,389人 1.92%
男性	2,898人 1.31%	3,110人 1.41%	3,084人 1.41%	3,376人 1.55%	3,710人 1.72%
女性	920人 1.68%	1,076人 1.89%	1,193人 2.00%	1,384人 2.23%	1,679人 2.61%

（注）「精神及び行動の障害」には、「神経系の疾患」のうち「自律神経系の障害」に分類された者の数を含めて計上している。

図5-1　精神及び行動の障害による長期病休者数及び全職員に占める割合の推移

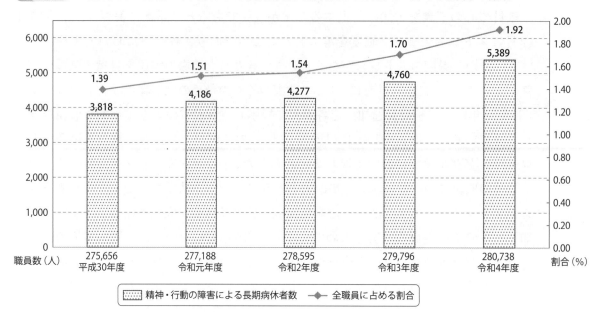

| 職員数（人） | 275,656 平成30年度 | 277,188 令和元年度 | 278,595 令和2年度 | 279,796 令和3年度 | 280,738 令和4年度 | 割合（%） |

凡例：精神・行動の障害による長期病休者数／全職員に占める割合

また、年齢階級別に見ると、20〜29歳が最も高くなっている（表5-5）。

表5-5　精神及び行動の障害による年齢階級別長期病休者数及び職員数に対する
長期病休者率の推移

	平成30年度	令和元年度	令和2年度	令和3年度	令和4年度
総　　数	3,818 1.39%	4,186 1.51%	4,277 1.54%	4,760 1.70%	5,389 1.92%
19歳以下	4 0.50%	14 1.50%	15 1.57%	17 1.79%	24 2.45%
20〜29歳	661 1.54%	830 1.81%	937 1.90%	1,174 2.25%	1,440 2.61%
30〜39歳	836 1.47%	860 1.54%	903 1.64%	1,015 1.83%	1,113 2.01%
40〜49歳	1,276 1.55%	1,297 1.61%	1,194 1.54%	1,165 1.58%	1,224 1.76%
50〜59歳	982 1.21%	1,106 1.37%	1,148 1.40%	1,293 1.56%	1,471 1.76%
60歳以上	59 0.51%	79 0.62%	80 0.57%	96 0.66%	117 0.74%

（3）国家公務員死亡者数等調査

　職員の健康管理及び安全管理の向上に資するため、令和4年度中に死亡した一般職の国家公務員について「国家公務員死亡者数等調査」を実施した（3年に1度実施している「国家公務員死因調査」を実施しない年度に実施している。）。

　令和4年度における在職中の死亡者は253人で、前年度の245人より8人増加している。また、死亡率（職員10万人に対する率）は90.1（前年度は87.6）となっている。

　死亡者のうち、病死者は192人（前年度は188人）で、前年度に比べ4人増加しており、死亡率は68.4（同67.2）となっている。また、災害死（不慮の事故、自殺及びその他）は61人（前年度は57人）で、前年度に比べ4人増加しており、死亡率は21.7（同20.4）と

なっている。

　災害死のうち、「自殺」による死亡者は53人（前年度は41人）で、前年度に比べ12人増加しており、死亡率は18.9（同14.7）となっている。また、「不慮の事故」による死亡者は5人（前年度は13人）で、前年度に比べ8人減少しており、死亡率は1.8（同4.6）となっている。

❷　安全の確保

（1）職場における災害の防止

　職場における災害の発生を防止し、安全管理対策を推進するために、各府省から職場における災害の発生状況等について報告を受けている。

　令和4年度に職場で発生した災害による常勤職員の死傷者（休業1日以上）は266人で、前年度に比べ25人減少している。このうち死亡者はいなかった（図5－2）。

　災害の発生状況を事故の型別に見ると、「転倒」が最も多く、次いで「武道訓練」、「その他（新型コロナウイルス感染症）」の順となっており、これらの災害で全体の5割以上を占めている（図5－3）。

　また、新型コロナウイルス感染症対策の緩和に伴い、武道訓練が再開されたことにより、「武道訓練」が上位項目に上がってきている。

　これらをまとめた災害状況については、各府省に情報提供し、類似の災害発生を防止するよう指導を行っている。

図5-2　**死傷者数の推移〔休業1日以上（平成30〜令和4年度）〕**

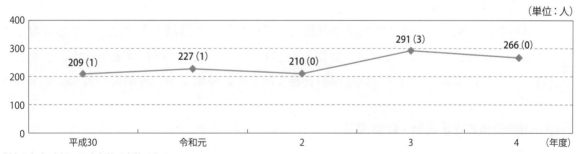

（単位：人）

（注）（　）内は、死亡者数で内数である。

図5-3　事故の型別死傷者数（常勤職員）(令和4年度)

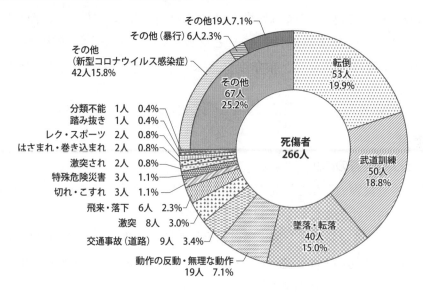

（2）設備等の届出等

　　各府省は、ボイラー、クレーン等安全管理上特に配慮を必要とする設備の設置等の際には、人事院に届け出ることとなっている。令和5年度は120件（設置76台、変更3台、廃止41台）の届出があった。

　　また、エックス線装置についても、同様に届け出ることとなっており、令和5年度は100件（設置53台、変更0台、廃止47台）の届出があった。

3　健康安全管理の指導及び啓発

（1）健康安全管理の研修会

　　各府省の健康安全管理の担当者が健康安全管理に対する認識と実務についての理解を深めるよう研修会を開催している。令和5年度は、集合形式での研修は実施せず、各府省に対して音声による解説付きの制度説明資料を配布し、健康安全管理制度の周知徹底を図った。

（2）国家公務員安全週間・健康週間

　　健康安全管理の推進について、広く職員の意識の高揚を図るため、毎年7月1日から「国家公務員安全週間」を、10月1日からは「国家公務員健康週間」を実施している。各週間の実施に先立ち、人事院ホームページに実施要領を掲載して、各週間における取組等を周知した。さらに、安全週間の取組として、各府省の安全管理担当者による安全対策会議を人事院の本院及び各地方事務局（所）（全国10か所）で開催している。令和5年度は、人事院の本院でオンラインによる会議を開催したほか、本院及び各地方事務局（所）（全国10か所）において、各府省に対して安全管理に関する有識者講演の動画配信及び資料を配布し、安全対策等の周知徹底を図った。

4　原子力発電所等において発生した事故等への対応

　　東京電力福島第一原子力発電所の事故に対しては、規則10−5（職員の放射線障害の防止）及び規則10−13（東日本大震災により生じた放射性物質により汚染された土壌等の除染等のための業務等に係る職員の放射線障害の防止）等により、除染等業務等に従事する職員の被ば

く線量は測定が義務付けられており、引き続き職員の放射線障害防止に努めている。

第3節　ハラスメント対策

　ハラスメント対策については、規則10－10（セクシュアル・ハラスメントの防止等）、規則10－15（妊娠、出産、育児又は介護に関するハラスメントの防止等）及び規則10－16（パワー・ハラスメントの防止等）を定めている。これらの規則において、ハラスメントの防止等のための各省各庁の長の責務、ハラスメントの禁止、研修等の実施、苦情相談への対応等を定めるなど、ハラスメントの防止等を図っている。

1　ハラスメント防止対策に関する研修等の開催

　本府省及び地方機関の課長級以上の職員等を対象とした「幹部・管理職員ハラスメント防止研修」を開催し、ハラスメント防止対策に関する幹部・管理職員の役割の重要性、あるべき行動等の理解促進を図った。また、本府省及び地方機関の人事担当者等を対象にした「ハラスメント防止対策担当者実務研修」を開催し、ハラスメント防止対策を担当する職員の専門性の向上を促進した。

　さらに、各府省においてハラスメントに関する苦情相談を受ける相談員を対象としたセミナーを、人事院の本院及び地方事務局（所）で開催し、相談員の知識、技術等の向上を図り、相談しやすい体制づくりを促進した。

　これらに加え、各府省においてハラスメント防止対策を担当する職員を対象としたハラスメント防止対策担当者会議を人事院の本院及び地方事務局（所）で開催し、組織外からのハラスメントに対する対応を共有するなど、担当者の認識を深め、各府省における施策の充実を図った。

2　国家公務員ハラスメント防止週間

　職員の認識向上や、ハラスメント防止対策の組織的、効果的な実施のため、毎年12月4日から10日までを「国家公務員ハラスメント防止週間」と設定し、各府省に対して、防止週間の期間中における周知・啓発等の一層の取組を求めている。人事院においても、防止週間における取組の一環として、ハラスメントの防止等に関する啓発、助言、情報の提供等を行うための講演会を開催しており、令和5年度においては、札幌市、名古屋市及び大阪市で開催した。

　また、各府省においてハラスメント防止対策が適切に実施されるよう、ハラスメント防止週間に合わせて、全職員向けにハラスメントの基礎的事項を理解させることに主眼を置いた自習用研修教材の改訂版を各府省に提供した。

図5-4　国家公務員ハラスメント防止週間ポスター画像

第4節　育児休業等制度

1　育児休業制度等の利用の促進

　公務における育児休業、育児短時間勤務及び育児時間は、仕事と育児の両立を可能にする観点から、育児休業法により、子を養育する職員の継続的な勤務を促進し、もってその福祉を増進するとともに、公務の円滑な運営に資することを目的として設けられている。

　これら育児休業等の両立支援制度の利用を促進するため、制度説明資料やハンドブックの改訂・配布等を通じ、各府省に対して、制度の周知や環境の整備を図ることなど積極的な取組を要請している。また、「妊娠・出産・育児・介護と仕事の両立支援制度の活用に関する指針」（令和5年職員福祉局長通知）を周知するなどして、性別に関わりなく両立支援制度が適切に活用されるよう各府省に求めている。

2　育児休業等の取得状況

　一般職の国家公務員を対象とした令和4年度における育児休業等の取得状況についての調査結果は、以下のとおりである。

（1）育児休業

ア　取得者数及び取得率

　　令和4年度に令和4年度以前に生まれた子についての最初の育児休業（以下「最初の育児休業」という。）を取得した常勤の一般職国家公務員（以下「常勤職員」という。）は、6,043人（男性4,057人、女性1,986人）で、前年度に比べ371人増加（男性403人増加、女性32人減少）している（資料5－1）。

　　令和4年度の常勤職員の育児休業の取得率は、図5－5のとおりで、男性72.5％、女性99.1％となっている。前年度に比べ、男性は9.7ポイントの増加、女性は6.1ポイントの減少（前年度　男性62.8％、女性105.2％）となり、男性は初の7割超えとなっている。

　　また、令和4年度に最初の育児休業を取得した非常勤の一般職国家公務員（以下「非常勤職員」という。）は、303人（男性20人、女性283人）で、前年度に比べ3人減少（男性13人増加、女性16人減少）しており、取得率は、男性87.0％、女性100.0％となっている。

図5-5　育児休業取得率（常勤職員）

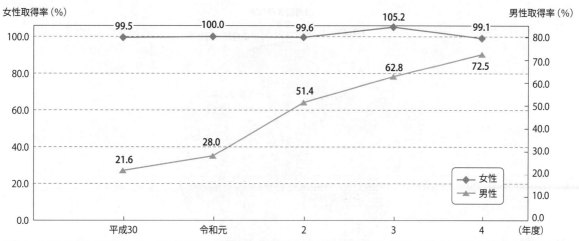

女性取得率（%）　　　　　　　　　　　　　　　　　　　　　　　　　　　　　男性取得率（%）

平成30　　令和元　　2　　3　　4（年度）

女性：99.5　100.0　99.6　105.2　99.1
男性：21.6　28.0　51.4　62.8　72.5

（注）1　令和4年度の「取得率」は、令和4年度中に子が生まれた職員（育児休業の対象職員に限る）の数（a）に対する同年度中に最初の育児休業をした職員数（b）の割合（b／a）をいう。（b）には、令和3年度以前に子が生まれたものの、当該年度には取得せずに、令和4年度になって新たに取得した職員が含まれるため、取得率が100%を超えることがある。令和3年度の「取得率」も同様である。
　　　2　令和2年度の「取得率」は、令和2年度中に新たに育児休業が可能となった職員数（a）に対する同年度中に新たに育児休業をした職員数（b）の割合（b／a）をいう。（b）には、令和元年度以前に新たに育児休業が可能となったものの、当該年度には取得せずに、令和2年度になって新たに取得した職員が含まれるため、取得率が100%を超えることがある。令和元年度以前の「取得率」も同様である。

イ　育児休業取得者の育児休業期間

　　令和4年度に最初の育児休業を取得した常勤職員の休業期間（令和4年度に2回以上の育児休業をした期間がある常勤職員にあっては、当該期間を合算した期間）の状況は図5－6及び図5－7のとおりで、休業期間の平均は6.8月（男性2.0月、女性16.7月）（前年度7.1月）となっている。

図5-6　育児休業期間の状況（男性）

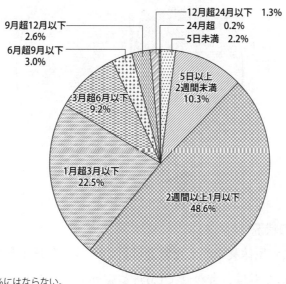

12月超24月以下　1.3%
24月超　0.2%
5日未満　2.2%
9月超12月以下　2.6%
6月超9月以下　3.0%
5日以上2週間未満　10.3%
3月超6月以下　9.2%
1月超3月以下　22.5%
2週間以上1月以下　48.6%

（注）端数処理の関係で総計が100%にはならない。

図5-7　育児休業期間の状況（女性）

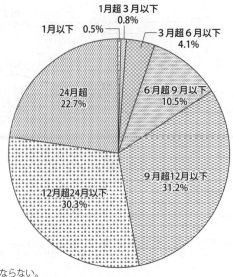

（注）端数処理の関係で総計が100％にはならない。

ウ　育児休業取得者の代替措置

令和4年度に最初の育児休業を取得した常勤職員の代替措置の状況は図5－8のとおりで、「業務分担の変更等」が82.2％と最も多く、次いで「任期付採用」が10.6％となっている。

図5-8　代替措置の状況（男女計）

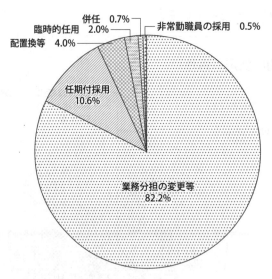

エ　職務復帰等の状況

令和4年度に育児休業を終えた常勤職員のうち、育児休業中に退職した者又は職務復帰日に退職した者は、合わせて0.6％となっており、育児休業を終えた者の99.4％（前年度99.1％）が職務に復帰している。

（2）配偶者出産休暇及び育児参加のための休暇

ア　配偶者出産休暇

令和4年度に子が生まれた男性の常勤職員（5,617人）のうち、令和4年度に配偶者出産休暇を使用した者の割合は92.1％（5,173人）（前年度92.2％（5,520人））、平均使

用日数は1.9日（前年度1.9日）となっている。

また、令和4年度に子が生まれた男性の非常勤職員（配偶者出産休暇の使用対象である職員に限る。26人）のうち、配偶者出産休暇を使用した者の割合は65.4％（17人）、平均使用日数は1.9日となっている。

イ　育児参加のための休暇

令和4年度に子が生まれた男性の常勤職員（5,617人）のうち、育児参加のための休暇を使用した者の割合は90.1％（5,062人）（前年度92.7％（5,547人））、平均使用日数は4.5日（前年度4.6日）となっている。

また、令和4年度に子が生まれた男性の非常勤職員（育児参加のための休暇の使用対象である職員に限る。26人）のうち、育児参加のための休暇を使用した者の割合は69.2％（18人）、平均使用日数は4.2日となっている。

ウ　配偶者出産休暇及び育児参加のための休暇を合わせた使用状況

令和4年度に子が生まれた男性の常勤職員（5,617人）のうち、配偶者出産休暇又は育児参加のための休暇を使用した者の割合は95.6％（5,369人）（前年度95.3％（5,704人））、配偶者出産休暇と育児参加のための休暇を合わせて5日以上使用した者の割合は83.7％（4,699人）（前年度87.1％（5,214人））となっている。

令和4年度に子が生まれた男性の非常勤職員（配偶者出産休暇及び育児参加のための休暇の使用対象である職員に限る。26人）のうち、配偶者出産休暇又は育児参加のための休暇を使用した者の割合は73.1％（19人）、配偶者出産休暇と育児参加のための休暇を合わせて5日以上使用した者の割合は50.0％（13人）となっている。

（3）育児短時間勤務

令和4年度に令和4年度以前に生まれた子についての最初の育児短時間勤務をした常勤職員は166人（男性26人、女性140人）となっており、前年度に比べ5人増加（男性8人減少、女性13人増加）している。

（4）育児時間

令和4年度に令和4年度以前に生まれた子についての最初の育児時間（以下「最初の育児時間」という。）を取得した常勤職員は1,550人（男性210人、女性1,340人）となっており、前年度に比べ107人減少（男性115人減少、女性8人増加）している。

また、令和4年度に最初の育児時間を取得した非常勤職員は50人（男性2人、女性48人）となっている。

第5節　自己啓発等休業制度及び配偶者同行休業制度

自己啓発等休業制度は、公務において行政課題の複雑・高度化が顕著となっている情勢に対応できるよう、職員について幅広い能力開発を促進していく必要がある等の観点から、自己啓発等休業法により、自発的に職務を離れて大学等で修学することや国際貢献活動への参加を通して国際協力に資することを希望する意欲ある職員に対し、職員としての身分を保有しつつ、職務に従事しないことを認めることができる無給の休業制度である。

配偶者同行休業制度は、公務において今後の活躍が期待される有為な職員の継続的な勤務を促進し、もって公務の円滑な運営に資する観点から、配偶者同行休業法により、外国で勤務等

することとなった配偶者と生活を共にすることを希望する職員に対し、職員としての身分を保有しつつ、職務に従事しないことを認めることができる無給の休業制度である。

　令和4年度に新たに配偶者同行休業をした常勤職員は、83人（男性9人、女性74人）となっており、前回調査（令和2年度）に比べ27人増加（男性同数、女性27人）している。また、休業事由別に見ると、外国での勤務が64人、大学等での修学が19人となっており、平均休業期間は、1年7月（令和2年度1年10月）となっている。

第6節　災害補償

　災害補償制度は、職員が公務上の災害（公務災害）又は通勤による災害（通勤災害）を受けた場合に、その災害によって生じた損害の補塡（補償）と、被災職員の社会復帰の促進及び職員・遺族の援護を図るために必要な事業（福祉事業）を行うことを目的としている。現在、補償法等において12種類の補償及び18種類の福祉事業が定められている。その直接の実施には各実施機関（各府省等）が当たり、人事院は、補償法の完全な実施のため、実施に係る基準の制定、実施機関が行う補償等の実施についての総合調整等を行っている。

1　災害補償の制度改正

次の事項について改正を行った。

（1）特別公務災害の対象（令和5年4月1日施行）

　特別公務災害は、職員が、生命又は身体に対する高度の危険が予測される状況下においてもその危険を顧みず自らの職務を遂行し、国民の生命、身体及び財産の保護その他公共の安全と秩序の維持に当たることが義務とされている犯罪の捜査等の人事院規則で定める職務に従事し、そのために公務災害を受けた場合に、通常の補償よりも厚く補償を行う仕組みである。

　近年、漁業監督官が行う外国漁船の取締活動の危険性が高まっている等の状況を踏まえ、漁業監督官及び同職員が行う外国漁船の取締活動を新たに特別公務災害の対象に指定した（規則16−0（職員の災害補償）の一部改正）。

（2）介護補償の額（令和5年4月1日施行）

　介護補償の最高限度額及び最低保障額を次のように改定した（「災害補償制度の運用について」（昭和48年事務総長通知）の一部改正）。

参考　介護補償の最高限度額及び最低保障額

		令和4年度	令和5年度
常時介護	最高限度額	171,650円	172,550円
	最低保障額	75,290円	77,890円
随時介護	最高限度額	85,780円	86,280円
	最低保障額	37,600円	38,900円

（3）平均給与額の改定率等（令和5年4月1日施行）

　一般職の国家公務員の給与水準の変動等に対応して、次の事項を改正した。

　ア　年金たる補償に係る令和5年度の補償額の算定に用いる平均給与額の改定率等（平成2年人事院公示第8号の一部改正）

イ 年金たる補償等に係る令和5年度の平均給与額の最低限度額及び最高限度額（平成4年人事院公示第6号の一部改正）

ウ 令和5年度の遺族補償一時金等の算定における既支給額の再評価率（平成4年人事院公示第7号の一部改正）

エ 平均給与額の最低保障額（平成8年人事院公示第11号の一部改正）

（4）精神疾患等の公務上災害の認定指針（令和6年2月14日施行）

一般職の国家公務員が公務により精神疾患等を発症した場合は「精神疾患等の公務上災害の認定指針」に基づき、各府省等が公務災害の認定を行っている。

令和5年9月に民間労働者を対象とした労働者災害補償保険制度（以下「労災保険制度」）において、近年の社会情勢の変化等を踏まえて、「心理的負荷による精神障害の認定基準」が改正されたことに伴い、公務においても、民間との均衡を考慮し、最新の医学的知見等を踏まえて、当該指針を改正した。

具体的には、認定等の基本的な考え方は維持しつつ、労災保険制度における認定基準を参考に取扱いを明確化するほか、認定の実態等を踏まえ取扱いを見直した。

2 災害補償の実施状況

人事院では、毎年、各実施機関から前年度における補償及び福祉事業の実施状況について報告を受けている。

補償法は、常勤職員・非常勤職員を問わず、一般職の国家公務員に適用され、その適用対象職員数は約45.8万人（令和4年7月現在）である。

令和4年度に実施機関が公務災害又は通勤災害と認定した件数は2,034件（公務災害1,208件、通勤災害826件）で、前年度（1,936件）と比べ98件増加した（図5−9）。

図5-9 公務災害及び通勤災害の認定件数の推移

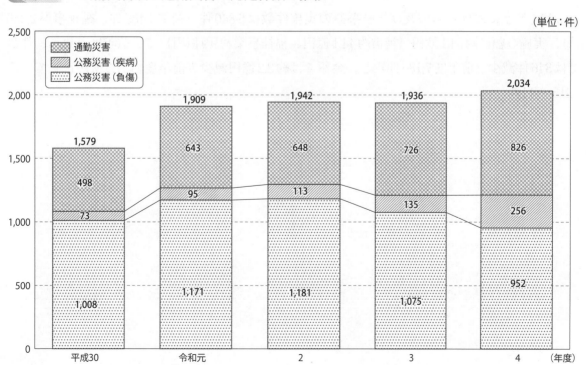

（単位：件）

　公務災害（1,208件）については、負傷によるものが952件（78.8％）、疾病によるものが256件（21.2％）となっている。公務災害と認定した件数は前年度と比べ2件減少（前年度1,210件）しており、そのうち、負傷によるものが123件減少（同1,075件）、疾病によるものが121件増加（同135件）している。疾病のうち新型コロナウイルス感染症により公務災害と認定した件数は177件で、前年度と比べ121件増加（前年度56件）している。

　通勤災害（826件）については、出勤途上のものが560件（67.8％）、退勤途上のものが266件（32.2％）となっている。通勤災害と認定した件数は前年度に比べ100件増加（前年度726件）しており、そのうち、出勤途上のものが40件増加（前年度520件）し、退勤途上のものが60件増加（前年度206件）している（図5-10）。

図5-10　公務災害及び通勤災害の事由別認定状況 （令和4年度）

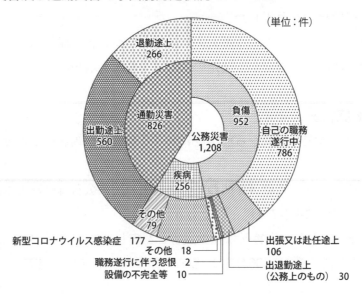

（単位：件）

退勤途上　266
出勤途上　560
通勤災害　826
公務災害　1,208
負傷　952
自己の職務遂行中　786
疾病　256
その他　79
新型コロナウイルス感染症　177
その他　18
職務遂行に伴う怨恨　2
設備の不完全等　10
出張又は赴任途上　106
出退勤途上（公務上のもの）　30

　令和4年度における補償及び福祉事業の実施件数は6,840件（補償4,485件、福祉事業2,355件）、実施金額は約54.1億円（補償約44.1億円、福祉事業約9.9億円）で、前年度と比べ、件数では346件減少（前年度7,186件）し、金額では約3.2億円減少（前年度約57.3億円）している（図5-11）。

図5-11　**補償及び福祉事業の種類別実施金額** （令和4年度）

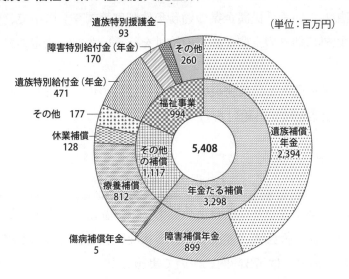

（単位：百万円）

（注）端数を四捨五入しているため、各項目の金額を足し上げた数値と合計が一致しない場合がある。

3　災害補償制度の運営

（1）補償制度の適正な運営

　　令和6年1月現在、29の国の機関及び8の行政執行法人等が実施機関として被災職員等に対し補償及び福祉事業の直接的な実施に当たっており、人事院は、実施に係る基準等を定めるほか、各実施機関における公務災害及び通勤災害の認定、障害等級の決定等について、必要に応じて協議、相談に応じている。

　　また、実施機関における迅速かつ適正な補償等の実施のために、実施機関の担当者等の災害補償に係る制度や認定実務に対する理解を深めることを目的として、担当官会議（令和5年4月）、災害補償実務担当者研修（基礎）（同年8月）、災害補償実務担当者研修（応用）（同年11月）を開催した。

（2）年金たる補償等の支給に係る承認

　　各実施機関が年金たる補償又は特別給付金の支給決定を行う場合には、人事院において承認手続を通じて災害の内容や補償額等を確認している。令和5年度の承認件数を補償等の種類別に見ると、表5－6のとおりである。

表5-6　**令和5年度における年金たる補償等の支給に係る承認件数**

補償等の種類	承認件数		
	計	公務災害	通勤災害
傷病補償年金	2	2	0
障害補償年金	3	2	1
遺族補償年金	5	4	1
傷病特別給付金（年金）	2	2	0
障害特別給付金（年金）	3	2	1
遺族特別給付金（年金）	5	4	1

（3）民間企業の法定外給付調査

　　毎年人事院が実施している「民間企業の勤務条件制度等調査」の中で、労働者災害補償保険法による給付以外に個々の企業が独自の給付を行ういわゆる法定外給付に関する調査を行っている。

　　令和4年の調査結果を見ると、業務災害による死亡について59.3%、通勤災害による死亡について51.6%の企業が法定外給付を行っている。

第7節　監査

　人事院は、職員の給与、健康安全及び公務上の災害又は通勤による災害に対する補償の適正な実施等を確保するため、給与簿監査、健康安全管理状況監査及び災害補償実施状況監査を実施しており、令和5年度においては572機関について実施した。

1　給与簿監査

　職員の給与が法律、規則等に適合して行われることを確保することを目的に、給与簿の検査を行うとともに、不当事項等を発見したときには、その是正の確保を図るため、必要な指導を行う給与簿監査を毎年実施している。

　令和5年度は、俸給制度及び諸手当において近年改正のあった事項に留意しつつ、職員の給与全般にわたって、493機関を対象として実施した。実施に当たっては、平成29年度から電子的手法を用いた監査を推進している。

　監査の結果、全体的にはおおむね良好に処理されていると認められたものの、一部に法規の理解不足等に起因する誤りが認められたので、その是正の確保を図るため、必要な指導を行った。

2　健康安全管理状況監査

　職員の保健及び安全保持が法律、規則等に適合して行われることを確保することを目的に、その実施状況について監査を行うとともに、不当事項等を発見したときには、その是正の確保を図るため、必要な指導を行う健康安全管理状況監査を毎年実施している。

　令和5年度は、有害物質を取り扱う業務、設備等を多く保有する機関のほか、適切な健康管理が必要となる繁忙業務の多い本府省に留意しつつ、57機関を対象として実施した。

　監査の結果、重大な健康障害や災害に直結するような違反等は認められなかったものの、一部に法規の理解不足等に起因する誤りが認められたので、その是正の確保を図るため、必要な指導を行った。

3　災害補償実施状況監査

　職員の公務上の災害又は通勤による災害の認定並びにこれらの災害に係る補償及び福祉事業が法律、規則等に適合して行われることを確保することを目的に、その実施状況について監査を行うとともに、不当事項等を発見したときには、その是正の確保を図るため、必要な指導を行う災害補償実施状況監査を毎年実施している。

　令和5年度は、令和3年4月1日以降に行われた公務上の災害又は通勤による災害の認定並びにこれらの災害に係る補償及び福祉事業の実施状況を中心に、22機関を対象として実施した。

　監査の結果、全体的にはおおむね良好に処理されていると認められたものの、一部に法規の理解不足等に起因する誤りが認められたので、その是正の確保を図るため、必要な指導を行った。

第8節　服務及び懲戒

　国公法第96条第1項は、服務の根本基準として、「すべて職員は、国民全体の奉仕者として、公共の利益のために勤務し、且つ、職務の遂行に当たつては、全力を挙げてこれに専念しなければならない。」と規定している。この根本基準の趣旨を具体的に実現するため、同法は、職員に対し、法令及び上司の職務上の命令に従う義務、職務上知り得た秘密を守る義務、争議行為及び信用失墜行為の禁止、政治的行為の制限、私企業からの隔離などの職員に対する服務上の制限を課している。また、服務規律保持のために、非違行為に対する懲戒制度が設けられている。

　これを受けて、任命権者においては、職員に服務義務違反が生じた場合に、速やかにその事実関係を十分把握した上で懲戒処分を行うなど厳正に対処することが求められる。また、人事院においても各府省等に対し、従来より種々の機会を通じて、服務規律の保持と再発防止策の実施について徹底を図っている。

1　服務

　職員の服務に関する事項のうち、政治的行為の制限、私企業からの隔離等については人事院が直接所掌している。これらの事項については、制度の周知徹底や適正な運用の確保を図るため、令和5年度においても、各府省等に対し、日常の具体的事例に関する照会回答等の機会を通じて、適切な処理についての指導を行った。

　また、服務・懲戒制度全般の趣旨を徹底させるため、例年、本府省、地方支分部局等の人事担当者を対象に服務・懲戒制度の説明会を実施してきているが、令和5年度においては、前年度と同様、新型コロナウイルス感染症の感染拡大防止の観点から、また、テレワーク勤務の拡大を踏まえ、音声解説付きの制度説明資料の電子的な作成・配布を通じて、制度の周知徹底を図った。加えて、職員に全体の奉仕者としての自覚を促し、服務・懲戒制度について理解を深めてもらうため、各府省等職員を対象とするeラーニングシステムを活用した服務・懲戒制度研修を令和5年4月期及び10月期の2期において実施した。

2　懲戒

（1）懲戒制度の概要、懲戒処分に関する指導等

　　各府省等の任命権者は、職員が、①国公法若しくは倫理法又はこれらの法律に基づく命令に違反した場合、②職務上の義務に違反し、又は職務を怠った場合、③国民全体の奉仕者たるにふさわしくない非行のあった場合のいずれかに該当するときは、当該職員に対し、懲戒処分として免職、停職、減給又は戒告の処分をすることができることとされている（国公法第82条第1項）。その具体的手続は、国公法及び規則12－0（職員の懲戒）に定められている。

　　人事院は、毎年の懲戒処分の状況を公表するとともに、各府省等に対し、担当者会議等

の機会を通じて、懲戒制度の厳正な運用について徹底を図っている。

（2）懲戒処分の状況

令和5年に懲戒処分を受けた職員数は240人（免職12人、停職57人、減給110人、戒告61人）であり、前年に比べて6人増加している。

処分数を府省等別に見ると、法務省が最も多く、次いで国税庁、国土交通省、海上保安庁、厚生労働省の順になっている。また、処分の事由別に見ると、公務外非行関係（窃盗、暴行等）、一般服務関係（欠勤、勤務態度不良等）、交通事故・交通法規違反関係、通常業務処理関係（業務処理不適正、報告怠慢等）の順に多くなっている（資料5－2、5－3）。

令和5年中において、懲戒処分を行った事例としては、国家公務員倫理規程違反事案を除くと、以下のようなものがあった。

● 刑務官による受刑者への暴行・不適切処遇事案

数名の受刑者に対し、複数の刑務官が暴行や不適切な処遇を行ったとして、刑務官10人に対して停職処分が、刑務官3人に対して減給処分が行われた。このほか、行為者として刑務官4人に対して訓告、刑務官4人に対して厳重注意、刑務官1人に対して注意の矯正措置が行われ、監督者として刑務所長を始めとした4人に対して厳重注意、処遇首席を始めとした4人に対して訓告の矯正措置が行われた。また、上記場面を現認したにもかかわらず上司への報告を怠ったなどとして刑務官3名に対して注意の矯正措置が行われた。

● 在外日本国大使館での公金等横領事案

在外日本国大使館において、同大使館の金庫に保管していた公金等を私的目的で借用しては返却するとの行為を繰り返し行っていたとして、外務省職員1人に対して免職処分が行われた。また、同大使館の出納官吏であった外務省職員1名に対して戒告処分が行われた。

各任命権者は、懲戒処分が行われるべき事件が刑事裁判所に係属している間においても、人事院の承認を経て、適宜、懲戒処分を行うことができることとされている（職員が、公判廷における供述等により、懲戒処分の対象とする事実で公訴事実に該当するものがあることを認めている場合には、人事院の承認があったものとして取り扱うことができる。）。この手続により、令和5年においては、6省庁で11人（免職5人、停職1人、減給5人）に対して懲戒処分が行われた。

3 兼業

（1）営利企業の役員等との兼業

国公法第103条並びに規則14－17（研究職員の技術移転事業者の役員等との兼業）、規則14－18（研究職員の研究成果活用企業の役員等との兼業）及び規則14－19（研究職員の株式会社の監査役との兼業）により、研究職員は、所轄庁の長等の承認があった場合は、営利企業の役員等の職を兼ねることができるとされているが、令和5年において所轄庁の長等が新たに承認をしたという人事院への報告はなかった。

（2）自営に係る兼業

　　国公法第103条及び規則14－8（営利企業の役員等との兼業）により、職員は、所轄庁の長等の承認があった場合は、自ら営利企業を営むことができるとされている。

　　所轄庁の長等が自営に係る兼業を承認したとして、各府省等から人事院に報告のあった件数の合計は、令和5年は266件であった。兼業の主な内容は、マンション・アパートの経営、駐車場・土地の賃貸、太陽光電気の販売などとなっている。

（3）株式所有による経営参加の報告

　　国公法第103条及び規則14－21（株式所有により営利企業の経営に参加し得る地位にある職員の報告等）により、職員は、株式所有により営利企業の経営に参加し得る地位にある場合は、所轄庁の長等を経由して人事院に報告し、人事院が職務遂行上適当でないと認める場合は、その旨を当該職員に通知することとされている。ただし、令和4年7月に同規則を改正し、明示された基準を満たしている場合には所轄庁の長限りにおいて報告を受領することができるよう措置しており、令和5年において人事院には職員から株式所有に係る報告はなかった。

第5章　補足資料

資料5-1　育児休業等取得状況

（単位：人）

休業者の種類	対象職員数（常勤職員）	平成4年度 約82万人	令和2年度 約28万人	うち新規	令和3年度 約28万人	うち新規	令和4年度 約28万人	うち新規
育児休業取得者（常勤職員）		4,224	8,146	5,084	8,939	5,672	9,218	6,043
	うち男性	23	3,427	3,090	4,189	3,654	4,527	4,057
	女性	4,201	4,719	1,994	4,750	2,018	4,691	1,986
育児短時間勤務取得者（常勤職員）		－	284	148	288	161	338	166
	うち男性	－	44	29	41	34	38	26
	女性	－	240	119	247	127	300	140
育児時間取得者（常勤職員）		303	3,840	1,422	4,090	1,657	4,042	1,550
	うち男性	14	323	176	483	325	388	210
	女性	289	3,517	1,246	3,607	1,332	3,654	1,340

（参考）非常勤職員

		平成4年度	令和2年度	うち新規	令和3年度	うち新規	令和4年度	うち新規
育児休業取得者		－	375	276	401	306	397	303
	うち男性	－	11	8	10	7	22	20
	女性	－	364	268	391	299	375	283
育児時間取得者		－	60	39	47	24	78	50
	うち男性	－	6	3	3	1	2	2
	女性	－	54	36	44	23	76	48

（注）　1　調査対象は、一般職の国家公務員である。
　　　　2　対象職員数の減少は、主に、国立大学等の法人化により平成16年4月から国立大学等の職員が、日本郵政公社の民営化により平成19年10月から日本郵政公社の職員が、社会保険庁の廃止により平成22年1月から社会保険庁の職員が、（独）国立病院機構の非公務員型の法人への移行により平成27年4月から同機構の職員が対象外となったことによるものである。
　　　　3　「－」は制度未導入であることを表す。

（単位：人）

府省名等	処分数	免職	停職	減給	戒告	(参考) 対前年増減	令和4年処分数	(参考) 在職者数	在職者比(%)
会 計 検 査 院	2		1	1		1	(1)	1,248	(0.16)
人 事 院	1			1		1	(0)	626	(0.16)
内 閣 官 房	0					▲5	(5)	1,213	(0.00)
内 閣 法 制 局	0					0	(0)	76	(0.00)
内 閣 府	0					▲1	(1)	2,580	(0.00)
宮 内 庁	0					▲2	(2)	1,067	(0.00)
公 正 取 引 委 員 会	0					▲1	(1)	855	(0.00)
警 察 庁	2			2		▲1	(3)	8,713	(0.02)
個人情報保護委員会	0					▲1	(1)	188	(0.00)
カジノ管理委員会	0					0	(0)	148	(0.00)
金 融 庁	0					▲1	(1)	1,603	(0.00)
消 費 者 庁	0					0	(0)	394	(0.00)
こ ど も 家 庭 庁	0					－	－	426	(0.00)
デ ジ タ ル 庁	0					0	(0)	466	(0.00)
復 興 庁	0					0	(0)	202	(0.00)
総 務 省	0					▲1	(1)	4,819	(0.00)
公害等調整委員会	0					0	(0)	36	(0.00)
消 防 庁	0					0	(0)	167	(0.00)
法 務 省	52	2	21	18	11	13	(39)	48,836	(0.11)
出入国在留管理庁	8	1	3	1	3	3	(5)	6,339	(0.13)
公 安 審 査 委 員 会	0					0	(0)	4	(0.00)
公 安 調 査 庁	1		1			▲1	(2)	1,754	(0.06)
外 務 省	3	1		1	1	0	(3)	6,619	(0.05)
財 務 省	5	2	1	2		▲8	(13)	17,304	(0.03)
国 税 庁	46	1	9	29	7	14	(32)	58,617	(0.08)
文 部 科 学 省	2		1	1		▲5	(7)	1,826	(0.11)
ス ポ ー ツ 庁	0					0	(0)	112	(0.00)
文 化 庁	0					▲1	(1)	307	(0.00)
厚 生 労 働 省	19	3	6	8	2	▲7	(26)	35,991	(0.05)
中 央 労 働 委 員 会	0					0	(0)	109	(0.00)
農 林 水 産 省	6			5	1	▲9	(15)	15,128	(0.04)
林 野 庁	1		1			▲2	(3)	4,881	(0.02)
水 産 庁	3			2	1	3	(0)	1,007	(0.30)
経 済 産 業 省	4	1	2		1	1	(3)	4,900	(0.08)
資 源 エ ネ ル ギ ー 庁	2				2	2	(0)	453	(0.44)
特 許 庁	1				1	0	(1)	2,837	(0.04)
中 小 企 業 庁	1			1		1	(0)	199	(0.50)
国 土 交 通 省	39		2	24	13	8	(31)	40,503	(0.10)
観 光 庁	0					0	(0)	218	(0.00)
気 象 庁	1		1			▲4	(5)	4,984	(0.02)
運 輸 安 全 委 員 会	0					0	(0)	177	(0.00)
海 上 保 安 庁	32	1	8	10	13	6	(26)	14,680	(0.22)
環 境 省	1			1		▲1	(2)	2,171	(0.05)
原 子 力 規 制 庁	2			1	1	2	(0)	1,072	(0.19)
防 衛 省	0					0	(0)	23	(0.00)

国 立 公 文 書 館	0					0	(0)	66	(0.00)
統 計 セ ン タ ー	0					0	(0)	643	(0.00)
造　　幣　　局	2				2	1	(1)	855	(0.23)
国 立 印 刷 局	3			1	2	1	(2)	4,113	(0.07)
農林水産消費安全技術センター	0					▲1	(1)	626	(0.00)
製品評価技術基盤機構	0					0	(0)	440	(0.00)
駐留軍等労働者労務管理機構	1			1		1	(0)	272	(0.37)
計	240	12	57	110	61	6	(234)	302,893	(0.08)

(注) 1 「在職者数」は、府省については、内閣官房内閣人事局「一般職国家公務員任職状況統計表」（令和5年7月1日現在）、行政執行法人については、総務省「令和5年行政執行法人の常勤職員数に関する報告」（令和5年1月1日現在）による。
　　　 2 「処分数」は、非常勤職員6人（延べ数、内訳は厚生労働省3人、国土交通省2人、林野庁1人）を含む。
　　　 3 表中「▲」はマイナスを示す。

資料5-3　事由別・種類別処分数 （令和5年）

（単位：人）

処分事由 ＼ 処分の種類	免 職	停 職	減 給	戒 告	計
一般服務関係 （欠勤、勤務態度不良等）	3 (4)	19 (12)	29 (31)	20 (15)	71 (62)
通常業務処理関係 （業務処理不適正、報告怠慢等）	 	11 (7)	12 (8)	7 (2)	30 (17)
公金官物取扱関係 （紛失、不正取扱等）	 	 	9 (1)	 (3)	9 (4)
横領等関係	4 (3)	3 (1)	1 (7)	 	8 (11)
収賄・供応等関係 （倫理法違反等）	 	 (2)	1 (8)	4 (3)	5 (10)
交通事故・交通法規違反関係	1 (2)	8 (12)	15 (12)	13 (11)	37 (37)
公務外非行関係 （窃盗、暴行等）	4 (8)	16 (15)	42 (49)	15 (17)	77 (89)
監督責任関係	 	 	1 (2)	2 (2)	3 (4)
計	12 (17)	57 (49)	110 (118)	61 (50)	240 (234)

(注) 1 処分事由が複数ある事案については、主たる事由で分類している。
　　　 2 （ ）内の数字は、令和4年の処分数である。

第6章　職員団体

　一般職の国家公務員（行政執行法人職員を除く。）は、国公法第108条の2の規定により、警察職員及び海上保安庁又は刑事施設で勤務する職員（本章第1節において「警察職員等」という。）を除き、勤務条件の維持改善を図ることを目的として職員団体を結成することができることとされている。

　職員団体制度の周知徹底を図るため、音声解説付きの制度説明資料を電子的に作成し、本府省及び各府省の地方支分部局等の担当者に対し配布しており、令和5年度も同様に音声解説付きの制度説明資料を配布した。

第1節　管理職員等の範囲

　国公法第108条の2の規定により、重要な行政上の決定を行う職員、管理的又は監督的地位にある職員及び職員団体との関係において当局の立場に立って遂行すべき職務を担当する職員である「管理職員等」とそれ以外の職員とは、同一の職員団体を組織することができないこととされている。

　管理職員等の範囲については、規則17－0（管理職員等の範囲）の別表で、組織区分に応じて具体的に定められており、行政機関の組織又は官職の改廃等があった場合には、それに適応するよう同規則別表の改正が行われている。令和5年度は3回の改正を行った。

　令和5年度末における管理職員等の総数は38,394人であり、定員（警察職員等を除く。）240,353人に対する割合は16.0％であった（資料6－1）。

第2節　職員団体の登録

　職員団体の登録制度は、職員団体が国公法に定める要件を満たした民主的かつ自主的な団体であることを人事院が公証するものであり、これによって、交渉等における当局と職員団体との関係の円滑化を図り、安定した労使関係の確立を期待しているものである。

　国公法第108条の3及び規則17－1（職員団体の登録）の規定に基づく令和5年度の新規登録は2件であり、登録の抹消は48件であった。この結果、令和5年度末における登録職員団体の総数は1,207団体となり、職員団体加入人員（以下「加入人員」という。）は63,824人（管理職員等による職員団体（10団体）を除いた加入人員は63,606人）となっている。

　また、規約等の登録事項の変更に伴う変更登録は989件であった（資料6－2）。

第3節　職員団体のための職員の行為

1　在籍専従

　職員は職員としての身分を保有したまま、職員団体の業務に専ら従事することはできないが、所轄庁の長の許可を受けた場合には登録職員団体の役員として専ら当該団体の業務に従事すること（いわゆる在籍専従）が認められている（国公法第108条の6）。その最長期間については、国公法附則第7条により、当分の間、7年以下の範囲内で規則で定める期間とされ、規則により7年と定められている（規則17－2（職員団体のための職員の行為）第8条）。

　令和5年末における在籍専従者数は110人であった（資料6－3）。

2　短期従事

　在籍専従以外に、職員は登録職員団体の役員、議決機関の構成員等として、所轄庁の長の許可を受けて、1日又は1時間を単位として年間30日の範囲内でその職員団体の業務に短期に従事することができることとされている（規則17－2第6条）。令和5年中の短期従事者数は187人で、その総従事期間は1,104日2時間であった（資料6－4）。

第4節　職員団体等の法人格

1　登録職員団体

　登録職員団体は、法人格法第3条第1項の規定により、法人となる旨を人事院に申し出ることにより、法人となることができることとされている。令和5年度末において、法人格を付与されている登録職員団体は96団体となっている。

2　認証職員団体等

　登録されていない職員団体等の申請に基づき、その規約が要件を満たすものであると人事院が認証した場合は、その職員団体等が主たる事務所の所在地において設立の登記をすることにより法人格が付与されることとされている（法人格法及び規則17－3（職員団体等の規約の認証））。令和5年度末において、人事院が認証機関として規約を認証している職員団体等は5団体となっている。

第5節　職員団体との会見

　人事院は、職員の勤務条件に関し、勧告、規則の制定・改廃などを行うに当たって、職員団体等と会見を行うことを通じて、意見、要望などを聴き、施策に反映させることとしている。

　令和5年の職員団体等との会見回数は、本院において69回、地方事務局（所）において117回の合計186回であった。その内容は、春闘統一要求・人事院勧告要求関係が99回（53.2%）と最も多く、次いで級別定数の改定関係が81回（43.5%）、男女共同参画関係が5回（2.7%）などとなっている。

　令和5年の会見回数は、令和4年と比べ4回の減少であり、前年並みとなっている（図6）。

図6　職員団体等との会見回数

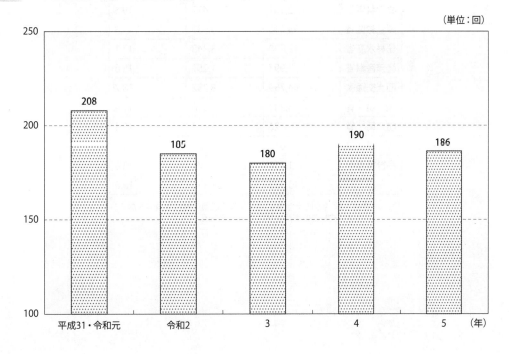

（単位：回）

第6章 補足資料

資料6-1 管理職員等の状況 （令和6年3月31日現在）

区分 府省名	定員 （A） 人	管理職員等 （B） 人	割合 （B／A） %
内 閣 府	8,604	1,518	17.6
デジタル庁	494	93	18.8
復 興 庁	218	78	35.8
総 務 省	4,782	901	18.8
法 務 省	33,681	6,723	20.0
外 務 省	6,424	591	9.2
財 務 省	72,878	10,466	14.4
文部科学省	2,161	427	19.8
厚生労働省	33,510	3,939	11.8
農林水産省	19,620	3,348	17.1
経済産業省	7,997	1,251	15.6
国土交通省	44,759	8,352	18.7
環 境 省	3,332	380	11.4
防 衛 省	26	4	15.4
人 事 院	617	153	24.8
会計検査院	1,250	170	13.6
計	240,353	38,394	16.0

（注）「定員」は、令和5年度末の給与法適用職員（警察職員等を除く。）
の定員に検察官の定員を加えたものである。

区分 府省名	登録職員 団体数 団体	在職者数 (A) 人	加入人員数 (B) 人	職員団体 加入率 (B/A) %	令和5年度登録件数		
					新規登録 団体	変更登録 団体	登録の抹消 団体
内　閣　府	2	6,506	126	1.9		1	
デ ジ タ ル 庁		365					
復　興　庁		122					
総　務　省	10	3,565	1,229	34.5		6	4
法　務　省	31	24,468	2,790	11.4		18	
外　務　省		5,776					
財　務　省	671	60,237	26,053	43.3	1	627	32
文 部 科 学 省		1,681					
厚 生 労 働 省	65	28,153	15,642	55.6		58	
農 林 水 産 省	199	14,810	8,510	57.5		190	2
経 済 産 業 省	3	6,373	588	9.2		2	
国 土 交 通 省	200 10	34,210 5,901	8,334 218	24.4 3.7	1	66 10	10
環　境　省	1	2,614	8	0.3			
防　衛　省		18					
人　事　院	1	425	14	3.3		1	
会 計 検 査 院	1	944	312	33.1		1	
そ　の　他	13					9	
計	1,207	190,267	63,606	33.4	2	989	48
令和4年度計	1,253	190,874	67,188	35.2	6	991	32

（注）1　「国土交通省」の下欄は、管理職員等で組織する職員団体に係るものであり、その「在職者数」は、当該職員団体に加入し得る職員の総数である。

2　「在職者数」は、令和5年7月1日現在の「一般職国家公務員在職状況統計表」（内閣官房内閣人事局調べ）における常勤職員数に検察官の数を加え、警察職員等及び管理職員等の数を除いたものである。

3　「加入人員数」は、登録職員団体の加入人員を合計したもの（同一人の重複を除く。）である。

4　「その他」は、構成員が2府省以上にわたるもの（国公関連労働組合連合会非現業国家公務員部会、日本国家公務員労働組合連合会行政職部会、沖縄非現業国家公務員労働組合等）であり、その「加入人員数」は、それぞれの該当府省の加入人員数に含まれている。

5　「計」欄のうち、「在職者数」、「加入人員数」及び「職員団体加入率」は、管理職員等で組織する職員団体に係るものを除いたものであり、登録職員団体のない府省（デジタル庁、復興庁、外務省、文部科学省及び防衛省）を除いた「在職者数」は182,305人、「職員団体加入率」は34.9%である（令和4年度計の同「在職者数」は183,151人、「職員団体加入率」は36.7%である。）。

資料6-3　**在籍専従状況**（令和5年12月31日現在）

（単位：人）

区分 府省名	登録職員団体加入人員数	在籍専従者数
総　務　省	1,100	4
法　務　省	2,692	2
財　務　省	5,959	9
国　税　庁	19,875	44
厚生労働省	15,434	16
農林水産省	5,695	6
林　野　庁	2,787	13
国土交通省	8,169	16
計	61,711	110

（注）1　「登録職員団体加入人員数」は、在籍専従者を置く職員団体のみの加入人員数である。
　　　2　在籍専従者のいない府省は省略した。ただし、気象庁は国土交通省に含めた。

資料6-4　**短期従事状況**（令和5年）

区分 府省名	短期従事者数	延べ従事期間	
	人	日	時間
法　務　省	5	11	7
財　務　省	25	67	1
国　税　庁	17	151	7
厚生労働省	43	328	1
農林水産省	29	155	5
林　野　庁	62	360	4
国土交通省	6	28	6
計	187	1,104	2

（注）1　「延べ従事期間」は、短期従事者ごとの1年間（令和5年1月1日から12月31日まで）の短期従事の従事期間を合算したものであり、時間単位の期間については、7時間45分をもって1日に換算した。
　　　2　短期従事者のいない府省は省略した。

第7章　公平審査

　公平審査には、懲戒処分、分限処分などの不利益処分についての審査請求、勤務条件に関する行政措置の要求、災害補償の実施に関する審査の申立て等及び給与の決定に関する審査の申立ての仕組みがあり、それぞれ職員から人事院に対してなされた場合に、準司法的な所定の審査手続に従って、迅速かつ適切に事案の処理を行っている。人事院は、事案処理に関する目標を定め、その進捗状況等を定期的に把握するとともに、手続面での効率化を進めるなど、事案の早期処理に取り組んでいる。このほか、職員からの苦情相談を受け付け、各府省に対する働きかけを含め必要な対応を行っている。

　これらの公平審査の仕組みは、中立第三者機関である人事院が、職員の利益の保護、人事行政の公正の確保、ひいては公務の能率的な運営に資することを目的とするものである。また、勤務条件に関する行政措置の要求の仕組みは、給与勧告・報告の制度等と並び、職員の労働基本権制約の代償措置の一つとして位置付けられ、勤務条件の改善と適正化のため重要な意義を有するものでもある。

　令和5年度は、前年度に引き続き請求者等の利便性の向上等を図る観点から、当事者等との書面交換の電子化やオンライン会議システムを活用した調査を推進するとともに、広報活動の一環として学生を対象としたワークショップにおいて模擬審理を実施し、公平審査の役割の重要性を発信した。

第1節　不利益処分についての審査請求

　不利益処分についての審査制度（国公法第90条）は、職員からその意に反して降給、降任、休職、免職その他著しく不利益な処分又は懲戒処分を受けたとして審査請求があった場合に、人事院が、事案ごとに公平委員会を設置して審理を行わせ、公平委員会が作成した調書に基づき、処分の承認、修正又は取消しの判定を行うものである。

　人事院は、処分を修正し又は取り消した場合には、その処分によって生じた職員の不利益を回復するための処置を自ら行い、又は処分者に対し必要な処置を行うように指示することとされている。なお、人事院の判定は、行政機関における最終のものである。

　不利益処分の審査は、規則13－1（不利益処分についての審査請求）に定められた手続に従って行われ、集中審理を行うなどして事案の早期処理に努めている。

　令和5年度の係属件数は、前年度から繰り越した10件を加えて32件となった。その処理状況は、判定を行ったもの6件（処分承認6件）、取下げ・却下等12件（審査請求の一部を受理したもの2件を含む。）であり、翌年度に繰り越したものは16件である（表7－1）。

表7-1　令和5年度不利益処分審査請求事案判定一覧

（1）懲戒処分

指令番号	判定年月日	原処分等	判定	審理方式
13-33	令和5年12月14日	免職（盗撮）	承認	非公開
13-5	令和6年3月14日	停職3月（部下職員等に不快感を抱かせる内容の手紙の送付等）	承認	審尋

（2）分限処分

指令番号	判定年月日	原処分等	判定	審理方式
13-23	令和5年9月14日	降格（勤務実績不良）	承認	審尋
13-4	令和6年3月7日	休職（期間更新）	承認	公開
13-6	令和6年3月14日	休職（研究休職）	承認	審尋

（3）その他

指令番号	判定年月日	原処分等	判定	審理方式
13-30	令和5年11月9日	転任	承認	審尋

（注）　審理方式は、請求者が、公開口頭審理、非公開口頭審理又は審尋審理（両当事者を対面させず非公開で行う審理）のいずれかを選択することとされており、表中「公開」は公開口頭審理を、「非公開」は非公開口頭審理を、「審尋」は審尋審理を示す。

第2節　勤務条件に関する行政措置の要求

　行政措置要求の制度（国公法第86条）は、職員から勤務条件に関し、適当な行政上の措置を求める要求があった場合に、人事院が必要な審査をした上で判定を行い、あるいはあっせん又はこれに準ずる方法で事案の解決に当たることで、職員が勤務条件の改善と適正化を能動的に求めることを保障するものである。

　行政措置要求の審査は、規則13－2（勤務条件に関する行政措置の要求）に定められた手続に従って行われる。

　令和5年度の係属件数は、前年度から繰り越した7件を加えて52件となった。その処理状況は、判定を行ったもの2件、取下げ・却下39件（要求事項の一部を受理したもの5件を含む。）であり、翌年度に繰り越したものは16件である（表7－2）。

表7-2　令和5年度行政措置要求事案判定一覧

判定年月日	要求内容	判定
令和5年6月29日	勤務環境についての安全上の配慮	棄却
令和6年2月1日	ハラスメント行為の解消等による職場の環境改善	一部容認

第3節 災害補償の実施に関する審査の申立て及び福祉事業の運営に関する措置の申立て

　災害補償の審査申立制度（補償法第24条）は、実施機関の行った公務上の災害又は通勤による災害の認定、治癒の認定、障害等級の決定その他補償の実施について不服のある者から審査の申立てがあった場合に、また、福祉事業の措置申立制度（補償法第25条）は、福祉事業の運営について不服のある者から措置の申立てがあった場合に、それぞれ人事院が事案を災害補償審査委員会の審理に付した上で判定を行うものである。

　災害補償の審査等は、規則13－3（災害補償の実施に関する審査の申立て等）に定められた手続に従って行われている。

　令和5年度の係属件数は、前年度から繰り越した24件を加えて31件となった。その処理状況は、判定を行ったもの18件、取下げ・却下3件であり、翌年度に繰り越したものは10件である（表7－3）。

表7-3 令和5年度災害補償審査申立等事案判定一覧

指令番号	判定年月日	申立内容	判定
13-13	令和5年5月18日	適応障害に係る公務上の災害の認定	棄　却
13-14	令和5年5月18日	右手関節捻挫に係る障害等級の決定	容　認
13-15	令和5年6月1日	致死性不整脈による死亡に係る公務上の災害の認定	容　認
13-17	令和5年6月15日	くも膜下出血に係る公務上の災害の認定	容　認
13-18	令和5年6月15日	頸椎椎間板ヘルニアによる左上肢痛に係る通勤による災害の認定	棄　却
13-20	令和5年6月22日	双極性障害（自殺）に係る公務上の災害の認定	棄　却
13-22	令和5年7月20日	気分障害に係る公務上の災害の認定	棄　却
13-24	令和5年9月21日	左大腿四頭筋損傷に係る通勤による災害の認定	棄　却
13-25	令和5年9月21日	変形性脊椎症等に係る公務上の災害の認定	棄　却
13-26	令和5年9月28日	鬱病等に係る公務上の災害の認定	棄　却
13-29	令和5年11月2日	化学物質過敏症に係る公務上の災害の認定	棄　却
13-31	令和5年11月16日	頸髄損傷に係る通勤による災害の認定	容　認
13-32	令和5年11月16日	両足関節外側靭帯断裂に係る公務上の災害及び通勤による災害の認定	棄　却
13-34	令和5年12月21日	両肺がん（二重がん）に係る公務上の災害の認定	棄　却
13-3	令和6年2月29日	神経症性障害に係る傷病等級の決定	棄　却
13-7	令和6年3月21日	鬱病等に係る公務上の災害の認定	棄　却
13-8	令和6年3月21日	双極性障害に係る公務上の災害の認定	棄　却
13-9	令和6年3月21日	抑鬱反応に係る公務上の災害の認定	棄　却

第4節　給与の決定に関する審査の申立て

　給与の決定に関する審査制度（給与法第21条）は、給与の決定（俸給の更正決定を含む。）に関して苦情のある職員から審査の申立てがあった場合に、人事院が事案を審査した上で、決定という形でそれに対する判断を示すものであって、規則13－4（給与の決定に関する審査の申立て）に定められた手続に従って行われている。

　このうち、人事評価結果に基づく給与の決定に関する申立事案の審査においては、申立人の人事評価について必要な事実関係等の調査を行い、人事評価の妥当性等を検証しつつ、当該給与の決定が法令の規定に合致しているか否かについての判断を行っている。

　令和5年度の係属件数は、前年度から繰り越した21件を加えて52件となった。その処理状況は、決定を行ったもの20件、取下げ・却下11件であり、翌年度に繰り越したものは21件である（表7－4）。

表7-4　令和5年度給与決定審査申立事案決定一覧

指令番号	決定年月日	申立内容	決定
13-16	令和5年6月1日	単身赴任手当の認定取消	棄　却
13-19	令和5年6月15日	初任給決定	棄　却
13-21	令和5年6月29日	平成26年12月期の勤勉手当の成績率 平成27年6月期の勤勉手当の成績率 平成27年12月期の勤勉手当の成績率 平成28年6月期の勤勉手当の成績率 平成28年12月期の勤勉手当の成績率 平成29年6月期の勤勉手当の成績率 平成29年12月期の勤勉手当の成績率 平成30年6月期の勤勉手当の成績率 平成30年12月期の勤勉手当の成績率 令和元年6月期の勤勉手当の成績率	棄　却
13-27	令和5年10月12日	令和3年12月期の勤勉手当の成績率	棄　却
13-28	令和5年10月19日	俸給表の適用を異にする異動後の職務の級及び号俸の決定	棄　却
13-35	令和5年12月21日	令和4年12月期の勤勉手当の成績率 令和5年1月1日の昇給区分	棄　却
13-1	令和6年2月8日	初任給決定	棄　却
13-2	令和6年2月8日	初任給決定	棄　却
13-10	令和6年3月21日	通勤手当の認定	棄　却
13-11	令和6年3月28日	初任給決定	棄　却

第5節　苦情相談

　苦情相談制度は、職員から勤務条件その他の人事管理に関する苦情の申出及び相談があった場合に、人事院が指名した職員相談員が職員に対し助言を行うほか、関係当事者に対し、指導、あっせんその他必要な対応を行うものであって、規則13－5（職員からの苦情相談）に定められた手続に従って行われている。

　このような職員からの苦情を迅速かつ適切に解決するための苦情相談業務は、能力実績重視の人事管理とともに、ワーク・ライフ・バランスの充実など働きやすい勤務環境の実現が求められている中で、公務能率の維持・増進の観点からもますます重要になってきている。

　令和5年度に受け付けた苦情相談件数は1,822件で、前年度より83件の増加（増加率4.8％増）となった（図7－1）。

　内訳を見ると、相談件数としては、「パワー・ハラスメント、いじめ・嫌がらせ」が最も多く全体の38.1％、「勤務時間・休暇・服務等関係」が18.8％、「任用関係」が12.9％を占めている（図7－2）。このうち「パワー・ハラスメント、いじめ・嫌がらせ」は、令和5年度は695件（前年度比78件増）となっており、特に高い増加率12.6％を示している。

　また、人事院の本院及び各地方事務局（所）では、苦情相談の対応に際して必要な情報の交換など各府省との連携協力体制の充実を図るための「苦情相談に関する府省連絡会議」を開催するとともに、各府省において苦情相談業務を適切に遂行できるよう必要な知識の習得や技能の向上を目的とした「各府省苦情相談担当官研修」を実施した。

図7-1　苦情相談件数の推移

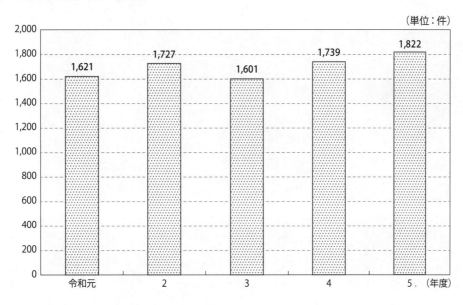

（単位：件）

図7-2　令和5年度苦情相談の内容別件数

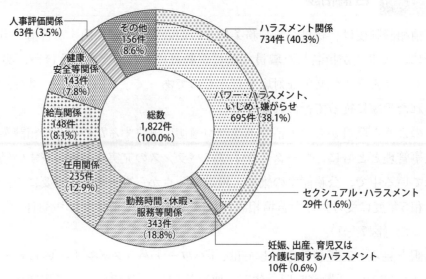

人事評価関係
63件（3.5%）

その他
156件
（8.6%）

ハラスメント関係
734件（40.3%）

健康
安全等関係
143件
（7.8%）

パワー・ハラスメント、
いじめ・嫌がらせ
695件（38.1%）

給与関係
148件
（8.1%）

総数
1,822件
（100.0%）

任用関係
235件
（12.9%）

セクシュアル・ハラスメント
29件（1.6%）

勤務時間・休暇・
服務等関係
343件
（18.8%）

妊娠、出産、育児又は
介護に関するハラスメント
10件（0.6%）

（注）　一つの事案に関して、同一の者から同一の内容について複数回の相談を受けた場合、それぞれを件数に計上している。

第8章　国際協力

第1節　派遣法による派遣状況

　各府省は、派遣法に基づき、国際協力の一環として、条約その他の国際約束や我が国が加盟している国際機関、外国政府の機関等の要請に応じ、職員をその同意の下にこれらの機関に派遣している。

　令和4年度において新たに国際機関等に派遣された職員は122人で、前年度と比べると3人増加している。一方、令和4年度中に派遣を終了した職員は129人（うち派遣期間中又は職務復帰と同時に退職した者は11人）であり、令和4年度末における派遣職員は348人で、前年度末と比べると3人増加している（図8-1、資料8）。

　なお、派遣期間が5年を超える新たな派遣又は更新の場合には人事院に協議することとされており、令和5年度には3件の協議があった。

　令和4年度末の派遣先機関別及び派遣先地域別の状況は、図8-2及び図8-3のとおりである。

図8-1　派遣職員数の推移

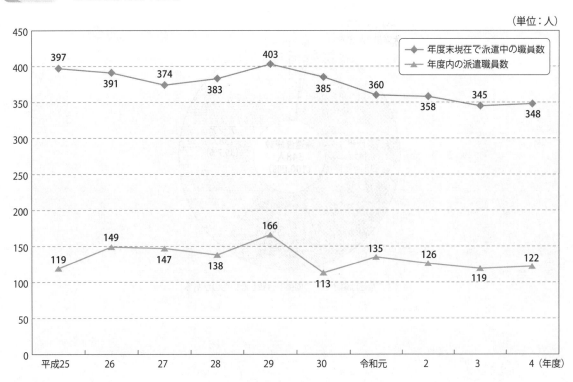

（単位：人）

図8-2　令和4年度末派遣先機関別状況

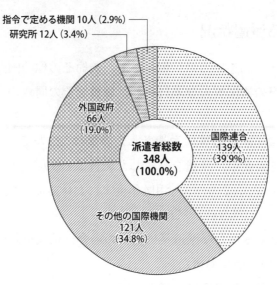

図8-3　令和4年度末派遣先地域別状況

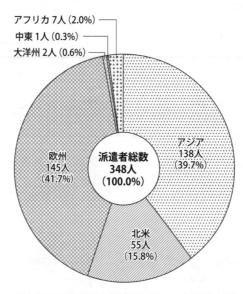

（注）数値は端数処理の関係で合致しないものがある。

第2節　国際協力・国際交流

1　ASEAN諸国との国際協力

　ASEANでは、公務員制度・公務員人事管理に関する地域間協力を推進することを目的に、ASEAN公務協力会議（ASEAN Cooperation on Civil Service Matters）というネットワークを構築している。人事院は、このネットワークに日本、中国及び韓国の三国を含めたASEAN＋3公務協力会議に、我が国の代表として参画し、各種協力事業の実施を支援している。

　令和5年度は、令和5年9月に東京においてASEAN諸国、中国、韓国及びオーストラリアの各人事行政機関の幹部職員を招待し、「The Future of Civil Service」（公務の未来）をテーマとする国際シンポジウムを開催するとともに、各国の研究者による公務員制度に関する論文を取りまとめた記念冊子を発行した。

2　国際講演会

　人事院は、諸外国の政府機関職員等を講師に迎え、人事行政の最新の実情について紹介及び意見交換を行い、国民にも広く知ってもらうための機会を設けている。令和5年度は、令和6年2月に「公務が選ばれる雇用者となるために～オーストラリア政府はいかにして公務の魅力を高めているか～」をテーマとするオンライン講演会を実施した。

3　日中韓人事行政ネットワーク事業

　平成17年1月より、人事行政分野における連携及び相互交流を進めるため、中国及び韓国の中央人事行政機関と日中韓人事行政ネットワークを構築し、各種協力事業を実施している。令和5年度は、6月に韓国において第15回三国若手・中堅職員合同研修が、12月に中国において「公務管理に関する法制度」をテーマとする第15回三国共催シンポジウムがそれぞれ開催された。

4　開発途上国等に対する技術協力

　行政の基盤である公務員制度を整備し、ガバナンスを向上させるという開発途上国が抱える共通課題を踏まえ、人事院は、独立行政法人国際協力機構（JICA）が主催する開発途上国の政府職員を対象とした研修の実施等に協力している。

（1）人事管理研修

　　各国の人事行政の改善に資することを目的とし、各国の中央人事行政機関等の上級幹部職員を対象とする「上級人事管理セミナー」と、課長補佐級職員を対象とする「人事行政セミナー」の2コースが実施されている。

　　いずれのコースも、我が国の人事行政について、その基本的な考え方や運用、新たな動向等を紹介するとともに、討議や各国との比較研究を通じ、各国の人事行政の実情に適合した人材マネジメントを参加者自らが考えることを内容としている。

　　各コースの実施状況は次のとおりである。

ア　上級人事管理セミナー

　　　令和5年度は、10か国・地域から10人が来日し、約2週間にわたり実施された。

　　　平成3年度の開始から令和5年度までの参加者は、合計71か国・地域299人である。

イ　人事行政セミナー

令和5年度は、12か国・地域から12人が来日し、約2週間にわたり実施された。

平成11年度の開始から令和5年度までの参加者は、合計76か国・地域256人である。

(2) 上級国家行政セミナー

各国の中央政府機関の上級幹部職員を対象に、我が国のガバナンスと社会経済の発展の経緯を紹介しつつ、様々な政策課題についての討議等を通じて、各国の社会経済の発展に資する行政の在り方を考える研修である。

令和5年度は、14か国から14人が来日し、約3週間にわたり実施された。昭和61年度の開始から令和5年度までの参加者は、合計83か国・地域384人である。

(3) ベトナム政府への支援

公務員採用試験の多肢選択式試験問題に思考力を問うものを取り入れるベトナム政府の取組に対し、JICAの技術協力プロジェクトを通じて、人事院は協力・支援を行っている。令和5年度には、取組を主導する同国内務省の職員等10人の訪日研修の際に、試験問題作成等に関する講義、採用試験会場の運営準備の視察を行った。

5　マンスフィールド研修

米国国務省は、マイク・マンスフィールド・フェローシップ法（1994年4月成立）に基づき、我が国に対する深い理解を持つ同国政府職員の育成を図るための研修（マンスフィールド研修）を行っている。

人事院は、外務省と協力して、研修員の各府省等への受入れの協議・調整、オリエンテーション、調査見学等を企画・実施している。

令和5年度は第27期研修員10人が来日し、10か月間の予定で日本の政府機関等での実務研修に参加している。

6　外国からの調査訪問対応

我が国の公務における人事管理、人材育成等についての実態の把握等のため、令和5年度は、カナダ、中国、インドネシア、韓国、ノルウェー、シンガポール、台湾、ベトナムの8か国・地域と国連訓練調査研究所（UNITAR）から合計15回にわたり外国政府職員等が来訪した。

これら訪問者に対しては、それぞれの国・地域における人事行政等の現状や訪問者個々の問題意識に応じて我が国の公務員制度やその運用実態等について説明等を行うとともに、意見交換を行った。

資料8　派遣職員数の推移

（単位：人）

年度	年度内の派遣職員数	年度内の復帰職員数		年度末現在派遣中の職員数	
昭和45	159	19		140	
46	195	81		254	
47	135	155		234	
48	126	115		245	
49	106	114	(4)	233	
50	147	129		251	
51	105	108	(2)	246	
52	130	120	(6)	250	
53	197	129	(3)	315	
54	157	143		329	
55	208	154	(8)	375	
56	136	147	(4)	360	
57	156	162	(4)	350	
58	174	161	(8)	355	
59	157	131	(10)	371	
60	138	122	(9)	378	
61	181	184	(15)	360	
62	189	129	(9)	411	
63	190	167	(9)	425	
平成元	166	174	(8)	409	
2	191	166	(12)	422	
3	173	157	(5)	433	
4	187	171	(9)	440	
5	207	166	(18)	463	
6	182	171	(15)	459	
7	223	155	(18)	509	
8	231	186	(19)	535	
9	203	203	(9)	526	
10	214	201	(11)	528	
11	230	214	(5)	539	
12	233	186	(18)	568	
13	229	212	(15)	570	
14	187	203	(18)	536	
15	199	196	(13)	526	[505]
16	169	193	(15)	466	
17	151	167	(23)	427	[410]
18	151	151	(9)	401	
19	136	136	(13)	388	
20	149	129	(13)	395	
21	147	122	(13)	407	[402]
22	146	139	(7)	402	
23	147	133	(6)	410	
24	148	122	(10)	426	
25	119	130	(18)	397	
26	149	148	(7)	391	
27	147	151	(13)	374	
28	138	111	(18)	383	
29	166	133	(13)	403	
30	113	112	(19)	385	
令和元	135	146	(14)	360	
2	126	115	(13)	358	
3	119	118	(14)	345	
4	122	118	(11)	348	
計	8,719	7,805	(533)		

（注）1　（　）内の数は、派遣期間中に死亡し、又は退職したため職務に復帰しなかった者及び職務復帰と同時に退職した者を外数で示した
　　　　ものである。
　　　2　［　］内の数は、国立大学法人の発足や特定独立行政法人の非特定独立法人化等に伴い、派遣中に派遣法の対象外となった職員を除
　　　　いた人数である。

第9章 **人事院総裁賞及び各方面との意見交換**

第1節 **人事院総裁賞**

「人事院総裁賞」は、国民全体の奉仕者として、長年にわたる地道な活動や高いモチベーションの下での勇気ある行動などを通じ、行政サービスや国民生活の向上に顕著な功績を挙げ、国民の期待に応えた国家公務員（個人又は職域）を顕彰するもので、昭和63年に人事院創立40周年を記念して創設された。

被顕彰者は、人事院総裁の委嘱する各界有識者から成る選考委員会（令和5年度は玉塚元一委員長（株式会社ロッテホールディングス代表取締役社長CEO）のほか、7人の委員）が、各府省及び行政執行法人から推薦された職員又は職域グループについて厳正な審査・選考を行い、その結果に基づいて人事院総裁が決定している。

第36回を迎えた令和5年度「人事院総裁賞」は、個人1名及び職域5グループに対して授与された（表9）。授与式は、令和6年2月26日、東京都内において行われ、翌27日に、皇居において天皇皇后両陛下に御接見を賜った。

令和5年度までの被顕彰者の合計は、個人71名、職域115グループとなっている。

表9　令和5年度「人事院総裁賞」受賞者及び受賞職域グループ

（1）個人部門

氏名・官職名	顕彰理由
海上保安庁　交通部企画課 国際・技術開発室　専門官 野口　英毅	海上交通業務の国際分野での第一人者として、国際会議で議長を務めるなど、他国を牽引。安全かつ能率的な船舶交通の実現のための国際基準を策定し、国内技術の国際標準化を実現させるなど、日本の国際的地位の向上及び国益の確保等に大きく貢献

（2）職域部門

府省名・職域名	顕彰理由
金融庁 政策オープンラボ TECH FORMINGチーム	行政事務における業務効率化ツールを開発・実装し、多くの業務の効率化やワーク・ライフ・バランスの向上等を実現。捻出した時間を政策の検討等に充てることにより、若手職員の活躍を促進するとともに、より効率的な公務の実現に大きく貢献
法務省 浪速少年院	大正12年に我が国初の少年院の一つとして設置され、以降100年もの長きにわたり、非行少年の改善更生に尽力。少年院の原点としての歴史を継承しつつ、社会情勢の変化も踏まえ、情熱と使命感を持って職務を遂行し、公務の信頼の確保と向上に大きく貢献
水産庁 漁業調査船「開洋丸」乗組員一同	過酷な厳冬期の北太平洋において、乗組員が一丸となって困難な調査に取り組み、近年不漁が続くサンマ資源の持続的な利用に向けた貴重な基礎データの取得に成功。科学的根拠に基づく政策立案に寄与するとともに、日本の魚食文化保全に大きく貢献
国土交通省 九州地方整備局 緊急災害対策派遣隊（TEC-FORCE）	九州地方の大規模自然災害において被災地へ職員を派遣し、応急対策を実施。記録的な大雨となった令和4年台風第14号では、河川・道路の被災状況調査にデジタル技術やドローンを積極的に活用するなど、被災地の早期復旧に大きく貢献
気象庁 気象大学校	100年以上の長きにわたり気象庁職員に対して専門的な知識・技術に係る教育・研修を実施。職員の技術力・能力向上を通して、指導的な役割を果たす職員を育成し、気象業務の基盤を支えるとともに、国民の安全・安心の確保や公務の信頼の向上にも大きく貢献

天皇皇后両陛下の御接見を賜る受賞者

第2節　各方面との意見交換

　人事行政を適切に運営していくため、各方面から公務員や公務員制度に対する率直な意見を聴取するとともに、公務に対する理解を得るよう努めている。

　これらの意見については、制度改正などを通じ、人事行政の方針の策定や運営面に反映させていくこととしている。

1　公務員問題懇話会

　地方の実情を的確に把握するため、仙台市、水戸市及び松江市において、人事行政全般に関する諸問題について、それぞれの地域の各界有識者と人事院幹部が意見交換を行った。

2　企業経営者等との意見交換

　中小企業経営者、報道機関の論説委員等を対象に、令和5年4月から5月にわたり全国50都市において、国家公務員給与の決定方法、人事院勧告の意義・役割等を説明するとともに、地域における経営環境、賃金改定の動向及び公務員給与の在り方等に関して率直な意見交換を行った。

3　参与との意見交換

　人事行政に関する重要な事項について意見を求めるため、各界の有識者に参与を委嘱し、人事行政施策の工程表の進捗状況などについて意見交換を行った。

第2編

国家公務員倫理審査会の業務

この1年の主な施策及び今後の展望

◉ 　職員の倫理意識のかん養のため、各府省の官房長等や地方機関の長等との懇談による現状把握のほか、倫理事務担当者等を対象とした倫理制度説明会やWebを通じた有識者講演会の実施、研修教材の制作・配布、各府省が実施する倫理研修等への講師派遣、国家公務員倫理月間における各種研修・啓発活動の実施等、職員に対する定期的・継続的な意識啓発活動に資する取組を行った。

◉ 　各府省における倫理的な組織風土の構築のため、相談・通報窓口の周知や相談しやすい職場環境を構築すること等を各府省に促した。

◉ 　職員の職務の相手方となる事業者等への倫理法・倫理規程の周知・理解の促進を図るため、全国の経済団体等に対する広報依頼、地方公共団体への周知依頼等を行った。また、新たに全国8駅（札幌駅、仙台駅、新宿駅、名古屋駅、大阪駅、広島駅、高松駅、博多駅）のデジタルサイネージ（電子看板）で、事業者向け啓発ポスターを掲示した。

◉ 　倫理の保持のための施策の参考とするため、各界の有識者からの意見聴取や市民・職員アンケートを実施した。

◉ 　今後も、公務に対する国民の信頼を確保しつつ、公務においても事業者等においても円滑な業務運営ができるよう、幅広く意識啓発や制度周知の取組を行うなど、様々な施策を展開していきたい。

倫理法及び国家公務員倫理審査会について

　倫理法は、幹部公務員を中心に不祥事が続発し、厳しい社会的批判を招いたことを背景として平成11年8月に制定され、平成12年4月から全面施行されたものである。その目的は、職務の執行の公正さに対する国民の疑惑や不信を招くような行為の防止を図り、公務に対する国民の信頼を確保することである。

　倫理法は、職員が遵守すべき職務に係る倫理原則を定めている。あわせて、倫理原則を踏まえ職員の倫理の保持に必要な事項を定める政令（国家公務員倫理規程（平成12年政令第101号。以下「倫理規程」という。））の制定についても規定している。さらに、職員と事業者等との接触について透明性を確保するための各種報告制度等（報告のルール）、職員の職務に係る倫理の保持に関する事務を所掌する機関である国家公務員倫理審査会（以下「倫理審査会」という。）の設置、行政機関等への倫理監督官（各府省事務次官等）の設置についても規定している。

　また、倫理規程は、倫理法の倫理原則を受けた倫理行動規準を定めるとともに、許認可等の相手方や補助金等の交付を受ける者など、職員の職務と利害関係を有する者の範囲を利害関係者として規定している。職員が利害関係者から贈与や接待を受けることなど、国民の疑惑や不信を招くような行為の禁止等の「行動のルール」についても規定している。

　国公法及び倫理法に基づいて人事院に設置された倫理審査会は、会長及び委員4人をもって組織されている。公務に対する国民の信頼確保という倫理法の目的の下、倫理規程の制定・改廃に関する意見の申出、各種報告書の審査、倫理法・倫理規程に違反する疑いがある場合の調査・懲戒の手続の実施、懲戒処分の承認など、職務に係る倫理の保持に関する事務を所掌している。具体的には、倫理法・倫理規程の適正な運用を確保するとともに、『職員の倫理意識のかん養』、『倫理的な組織風土の構築』及び『倫理法等違反への厳正かつ迅速な対応』の3つを主要な柱に据え、職員の職務に係る倫理を保持するための各種施策を実施している。倫理審査会には、その事務を処理するため、事務局が置かれている。その業務実施には、倫理審査会の議決が必要であり、倫理審査会会議は、令和5年度には22回、倫理審査会設立以来計593回開催されている。

　また、倫理法に基づき各府省及び各行政執行法人に置かれた倫理監督官は、各府省の長等と共に、倫理審査会と連携して、その属する府省等の職員の職務に係る倫理の保持に関する責務を担っている。

　本編は、令和5年度において、倫理審査会が行った業務について記述したものである。

（令和5年4月1日現在）

上野幹夫委員	青山佳世委員	秋吉淳一郎会長	潜道文子委員	伊藤かつら委員
（中外製薬株式会社特別顧問）	（フリーアナウンサー）		（拓殖大学副学長）	（人事官）

| 第1章 | 職員の倫理意識のかん養及び倫理的な組織風土の構築 |

1 職員の倫理意識のかん養

　職員の倫理意識のかん養のためには、研修等の機会を通じた職員に対する定期的・継続的な意識啓発が不可欠である。また、倫理法・倫理規程の遵守は、個々の職員が日々の職務遂行を支える使命感や志とも密接に関連するものであり、高い倫理意識を自身の中に体得し、主体的に倫理保持の行動を実践することが求められている。このため倫理審査会は、各府省の幹部職員や倫理事務担当者に対して所属職員への意識啓発の取組を促すとともに、倫理の問題を職員個々人が自分事として捉える機会を提供できるよう、各府省における研修・啓発活動の企画・実施の支援、府省等横断的な研修・啓発活動の実施を行ってきている。令和5年度においては、以下の（1）～（3）の業務を実施した。

（1）各府省における現状の把握及び取組の促進

　　各府省における職員に対する倫理意識のかん養や倫理的な組織風土の構築に向けての取組状況や課題について把握するとともに、他府省の取組を共有し各府省における今後の取組の参考にするための機会を設けた。具体的には、各府省において倫理保持について職員を指導すべき立場にある官房長等と倫理審査会会長・委員との懇談会を開催し、また、地方機関の長等と倫理審査会会長との懇談を行った。さらに、後述する「国家公務員倫理月間」の機会等を捉え、倫理研修の定期的・計画的な実施、職員の職務に係る倫理の保持のための相談・通報窓口の利活用促進の要請を行った。あわせて、各府省における倫理保持のための取組の参考となるよう、各府省で実施された啓発活動や倫理的な組織風土の構築のための取組の具体例の共有等を行った。

　　倫理制度の周知徹底及び各府省における倫理保持に係る取組の推進を目的として、本府省で実務を担う倫理事務担当者等を対象とした倫理制度説明会を令和5年4月及び同年10月にWebでそれぞれ1回実施したほか、地方機関の倫理事務担当者等に対しては、全国6箇所においてWeb又は対面での研修を開催した。

　　さらに、令和2年度から実施しているWebを通じた有識者講演会については、令和5年度は、幹部・管理職員向け（9月）及び一般職員向け（11月）に計2回実施し、本府省及び地方機関の職員に広く視聴を呼びかけた。幹部・管理職員向けには、駿河台大学の水尾順一名誉教授に「世のため、人のため、相手の期待に応えるコンプライアンスの実践」というテーマで質疑応答を含めたライブ配信での講演を行っていただくとともに、その模様を録画し、9月から10月にかけて2週間配信した。同講演会は、延べ3,700名ほどの職員が視聴（会議室等で複数名で視聴した場合も1名として集計。以下同じ。）し、「「コロナ禍で見えてきたリーダーに求められる資質」を簡潔に提示いただき、再確認することができた。」、「従来のコンプライアンスは、「規制」や「べからず」という概念だったが、各自が「世のため人のため」というプラス思考、攻めの姿勢で業務に取り組むことで、不祥事をなくすことができるということを学んだ。」といった感想が寄せられた。一般職員向けには、のぞみ総合法律事務所の吉野弦太弁護士に「個人の倫理と組織の倫理　心の倫理と手続の倫理」というテーマで質疑応答を含めたライブ配信での講演を行っていただくとともに、その模様を録画し、12月に2週間配信した。同講演会は、延べ2,900名ほどの職員が視聴し、「倫理的対応に直面した際に後手に回ることがないよう、正しい知識を習得することの重要性を認識した。」、

「公務員倫理と人としての良心の兼ね合いなど、公務員倫理の実践に当たっての留意点などを具体例をもとに理解することができた。」といった感想が寄せられた。

（2）各府省が企画・実施する研修の支援

倫理審査会は、各府省における研修・啓発活動の充実に資するよう、各種研修教材を制作・配布している。主として新規採用職員及び幹部職員への配布を念頭に、倫理制度の概要や法令、マンガ教材を収録した小冊子「国家公務員倫理教本」を改訂し、各府省へ配布するとともに、常時携帯可能な「国家公務員倫理カード」に各府省の相談・通報窓口を記載し、職員に対して配布した。また、各府省におけるeラーニングに資する教材（自習研修教材）として、一般職員用、課長補佐級職員用及び幹部・管理職員用の3階層の教材を各府省へ配布した。

これら教材及び啓発資料の制作・配布のほか、倫理審査会では、各府省からの要請に応じて、事務局職員を各府省が実施する倫理研修等に講師として派遣している。令和5年度は、各府省における階層別研修など延べ38コース・参加者数3,086人（うちWebを通じたものは24コース・参加者数1,687人）に講師を派遣した。研修では、倫理制度の解説、具体的なケースを用いた倫理制度に対する理解の浸透や相談・通報の仕組みの周知などを行った。また、一部の研修においては、密を回避した形式の下で具体的なケースを想定した参加者間での討議を取り入れることで、より当事者意識を持って研修に参加し、考える機会を持てるよう工夫を行った。

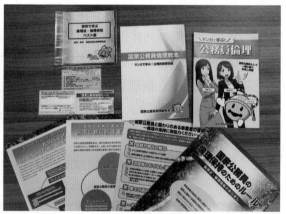

倫理審査会公式マスコット
左：「りんりん」、右：「BanBan」

研修・広報資料

（3）国家公務員倫理月間における研修・啓発活動等の実施

国家公務員への倫理意識の効果的な浸透を目的として、令和5年度も12月の1か月間を「国家公務員倫理月間」と位置付け、様々な取組を実施した。

各府省に対しては、例年同様、事務次官等の倫理監督官などによる公務員倫理に関するメッセージの発信や幹部・管理職員への直接の注意喚起、国家公務員倫理審査会が提供した自習研修教材などを活用した公務員倫理研修の実施、組織内外の相談・通報窓口の周知徹底や利活用の促進などの要請を行った。また、各府省から利害関係者となり得る関係団体や契約の相手方等に対して直接、公務員倫理保持のための制度の周知や理解・協力を求める取組の実施あるいは検討を要請した。

国家公務員倫理月間に際しては、毎年、職員向けの標語を募集しており、昨年度からは

新たに事業者向けの標語の募集も行っている。今年度は職員向け標語については7,970点、事業者向け標語については1,800点の応募があった。応募作品から最優秀作品及び優秀作品を選定する際は、例年同様、倫理審査会において多様な視点から優れた標語をそれぞれ20点程度ずつ選定した上で、各府省の積極的な関与を促すため、各府省にその中から良いと思われる標語へ投票を依頼した。各府省による投票結果を踏まえ、倫理審査会において最終的に、職員向け標語は最優秀作品1点及び優秀作品2点、事業者向け標語は最優秀作品1点及び優秀作品1点を選定した。

【職員向け】

最優秀作品	『国の未来　背負うあなたの　倫理観』
	（神奈川県　西川 只幸さん）

優秀作品	『「大丈夫？」　その違和感が　倫理観』
	（海上保安庁第八管区海上保安本部　佐久間 祐光さん）
	『迷ったら　一人で決めない　まず相談』
	（法務省北九州医療刑務所　久保 賢二さん）

【事業者向け】

最優秀作品	『知ってほしい　国家を支える　そのルール』
	（警察庁関東管区警察局　出口 聖夜さん）

優秀作品	『良い関係　築くためには　良い距離感』
	（警察庁中国四国管区警察局四国警察支局　佐藤 大輔さん）

　最優秀作品の標語を用いて作成した啓発用ポスターについては、各府省や地方公共団体、経済団体等に配布した。このうち、各府省に配布した職員向けの標語を用いたポスターについては、最優秀作品の活用のみならず、各部局でそれぞれの管理者が主体的に倫理に関するメッセージを発してもらいたいとの思いから、各自のメッセージを自由に記入できる欄をポスター右下に設けた。掲示場所の責任者が倫理に関するメッセージを記入した上で掲示するよう要請を行ったことで、52府省等のうちの36府省等で現場責任者が工夫を凝らした様々なメッセージを書き込んだ。一方、事業者向けの標語を用いたポスターについては、後述のように、経済団体への公務員倫理保持のための制度の周知や理解・協力を求める取組に利用した。

　職員の倫理意識のかん養のためには、職員が倫理研修を定期的に受講することが重要であり、職員に対するアンケート結果によると、休職・休業中の職員等を除き、職員は倫理研修をおおむね定期的に受講している状況にある。令和5年度の国家公務員倫理月間に際しては、倫理研修について、例年同様全職員を受講対象とすることや受講完了者の把握・未受講者への受講の督促を要請した。さらに、倫理月間後に採用される職員や倫理月間中に休職・休業中等の職員がいる場合、採用又は復帰後速やかに受講を案内するよう各府省に対して要請を行い、全職員を対象とした研修が全府省等で実施された。

　　国家公務員倫理月間における取組の概要は、『人事院月報』（2023年12月号及び2024年4月号）に掲載した。

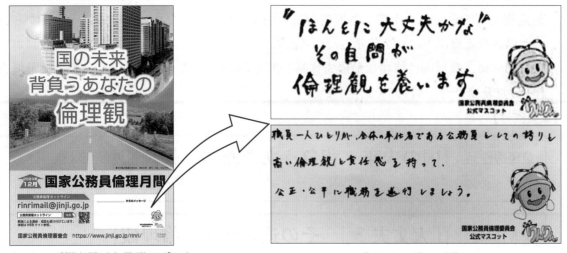

メッセージ欄を設けた啓発用ポスター　　　　　　　　　　　　　　【メッセージの一例】

　　倫理審査会としては、コロナ禍の下で開始したWebを通じた研修・啓発機会を更に充実させることで、幅広く職員に対する意識啓発の機会を提供するとともに、倫理保持の取組の中核を担う各府省の倫理事務担当者に対し、事例を活用した研修機会の提供や相互のネットワーク強化に資する取組などを進め、職員の倫理意識を高める取組を強化していくこととしたい。

❷ 倫理的な組織風土の構築

　倫理保持の徹底を図るためには、職員一人一人の倫理意識をかん養するだけでなく、各職場において倫理的な組織風土を構築していくことが極めて重要である。各府省に対して、上述した懇談会や制度説明会、国家公務員倫理月間などの機会を通じて、職場での相談を促す環境づくりや、組織内外の相談・通報窓口の周知と利活用促進に向けた要請を行うこととしている。あわせて、倫理的な組織風土構築のための取組例などを幅広く周知し、各部局での取組の参考にしてもらうこととしている。

　また、倫理審査会からの働きかけを踏まえ、多くの府省等において組織外に弁護士事務所等を活用して外部窓口を設置している。倫理的な組織風土を構築する観点からは、相談・通報の体制を整備することに加え、それが利用されることが重要となる。これら窓口の利用が促進されることは、その組織が倫理保持を重視していることを示すことになるだけでなく、違反行為に対し早期に認識・対処することで事態の深刻化を防ぐことにもつながるものである。

　こうした観点から、令和5年度においては、次の（1）及び（2）の業務を実施した。

（1）相談・通報窓口の周知

　　組織内外の相談・通報窓口の体制整備は各府省でほぼ整えられてきたが、職員に対するアンケート結果によると相談・通報窓口の存在を知らない職員も依然として一定数存在することから、相談・通報窓口の周知に引き続き取り組んだ。具体的には、国家公務員倫理月間に、倫理審査会が設置している公務員倫理ホットラインの連絡先、各府省が設置する相談・通報窓口の内部窓口や外部窓口の連絡先を記載する欄を設けたリーフレットを準備

し、各府省が欄中に必要事項を記載した上で職員に周知するよう依頼した。また、職員が常時携帯できるように配布している国家公務員倫理カードについて、各府省ごとの相談・通報窓口が記載されているものを配布した。各府省においては、これらのリーフレット・カードの活用のほか、相談・通報窓口のイントラネットへの掲載やメール等による職員への周知が行われた。

　職員に対するアンケートによれば、相談・通報したことにより不利益な取扱いを受けるおそれがあるのではないかなど、相談・通報に対して懸念を持つ職員もいる。そのため、相談・通報窓口を周知する際には、相談・通報者が不利益な取扱いを受けないよう万全を期していること、匿名による相談・通報も受け付けていること、通報後の流れなども併せて周知するとともに、各府省に対してこれらの事項を周知するよう要請した。

啓発用ポスター等に掲載している公務員倫理ホットラインの周知例

（2）相談しやすい職場環境の構築

　職員を対象とするアンケート結果を見ると、倫理法・倫理規程に違反すると疑われる行為を見聞きした場合には、約7割の職員が本人に問いただす又は上司など職場の他の職員に相談する、約2割の職員が所属組織等の相談・通報窓口に相談すると回答している。このように倫理法・倫理規程に違反すると疑われる行為を行ってしまう前に、あるいは倫理法等違反と言えるか必ずしも判然としなくとも疑義が生じた際に、当事者が立ち止まり、本人への確認や職場の身近な上司・同僚への相談等を行ったり組織内外の窓口に相談したりすることは、倫理法・倫理規程違反を未然に防止し、事態の深刻化を防ぐ上で効果的である。

　そこで、倫理審査会が行う研修・啓発活動や各府省への研修支援の教材等において、繰り返し職場でのコミュニケーション・相談等の重要性を強調するとともに、実際にそうした事態に直面した場合にどのような行動が取れるか等の意見交換を行うよう依頼した。また、官房長等との懇談会や倫理事務担当者向けの倫理制度説明会等の機会を捉え、各組織の窓口においてこうした相談等も受け付けていることを周知すること、相談しやすい職場環境を構築することなどを促した。

③　公務員倫理に関する広報、意見聴取

　公務員倫理に関しては、職員自身が襟を正すべきことは当然のことであるが、国民や職員の仕事の相手方となる事業者等にも周知することは、職員・事業者双方にとって、円滑な業務運

営に資するものとなる。そのため、1（3）で述べた各府省からの周知等の取組と併せて、倫理審査会としても国民や事業者等への広報を行っている。また、倫理審査会では、倫理の保持のための施策の参考とするため、倫理制度や公務員倫理をめぐる諸問題について、各界から意見を聴取しており、また、各府省の倫理法・倫理規程の運用実態、倫理法・倫理規程に対する要望等の把握に努めている。令和5年度においては、次の（1）～（3）の活動が行われた。

（1）国民や事業者等への広報活動

　国家公務員と接触する機会のある事業者等に対して倫理法・倫理規程の周知及び理解の促進を図るため、全国の経済団体等に対し機関誌やウェブサイト、掲示板等への事業者向けの啓発用ポスターや公務員倫理に関する記事、パンフレットなどの掲載、会員企業のコンプライアンス担当部署に対する広報依頼など、事業者等に対する広報活動への協力の依頼等を行った。地方公共団体に対しても、国家公務員倫理月間の啓発用ポスターの電子媒体を47都道府県、20政令指定都市に配布し、国家公務員倫理に関する周知を要請した。

　さらに、事業者向けの啓発用ポスターがより多くの人の目に触れるよう、東京駅や霞ヶ関駅などの主要駅への掲示や、本年度は初めて全国8駅（札幌駅、仙台駅、新宿駅、名古屋駅、大阪駅、広島駅、高松駅、博多駅）のデジタルサイネージ（電子看板）へのポスター掲示による啓発活動を行った。各地方事務局の協力により、全国の主要駅や公共交通機関の車内等への掲示も実施した。

　また、引き続き各府省における職務の相手方となる事業者等への倫理法・倫理規程の周知にも重点を置き、各府省に対し、利害関係者となり得る関係団体や契約の相手方等に対して直接、事業者向けの各種広報資材（公務員倫理制度について事業者等に知ってもらいたい内容を簡潔にまとめたカード形式の啓発資料やYouTube動画）等を用いて、公務員倫理保持のための制度の周知や理解・協力を求める取組の実施あるいは検討を要請した。一部の府省では、倫理審査会作成の事業者向けカードや事業者用ポスターを活用した周知徹底のほか、関係団体等に対し、倫理保持への協力を要請する文書を発出する、打合せや会合など直接接する機会に倫理保持への協力を要請するなどの取組が行われた。倫理審査会としては、各府省で実施された啓発活動の具体例の共有等を通じ、各府省とも連携しつつなお一層の事業者等への広報活動の展開が重要であると考えている。

事業者向けの啓発ポスター

デジタルサイネージ（電子看板）への
ポスター掲示（新宿駅）

（2）有識者からの意見聴取の実施

　　倫理審査会では、各界の有識者から、国家公務員の倫理保持の状況や倫理保持のための施策、これからの官民連携と倫理保持の在り方などについての意見聴取を行っている。令和5年度においては、弁護士、民間企業コンプライアンス担当役員から個別に意見を聴取した。

〈有識者からの主な意見等〉

（1）主な意見

・　倫理保持というと自らを縛る方向での意識付けになってしまいがちであるが、自らを守る術であるという意識改革が必要。そのような意識がないと巻き込まれもするし、足をすくわれることにもなりかねない。基本的には公務員が常識に照らして対応すれば問題は生じないということを理解する必要がある。

・　人はミスをするものであり、それをいかに早く検知できるか、また、ミスしたことについて声を上げやすい雰囲気が醸成されているかが重要である。ミスが小さな段階で声を上げることができる職場であれば、処分にまで至らないケースもあるし、不祥事を未然に防止することにも繋がる。

・　各府省において、どの部署、どの地域に不祥事が発生するリスクが存在しているかについて、リスク分析することが重要である。職員アンケートの結果によると、不祥事の原因として個人の資質を挙げる人が多いようであるが、それが許されている雰囲気や看過されるような組織運営が行われているということを表すものであるため、必要に応じて結果を深掘りする必要がある。

・　国家公務員倫理に関する理解促進については、非常に多岐にわたる手法で内外に働きかけがなされていると評価している。一つ、地方における業界に対する浸透策は課題であると思っており、各種団体と意見交換する中でお互いに知恵を出して取り組むことが有効ではないか。

（2）民間企業の取組状況の具体例

・　社外有識者、労働組合の代表者、社内委員などで構成される取締役会の諮問機関を設置しており、毎年、当該諮問機関が企業倫理に関する提言を作成し、提言に基づき全社的な取組を行っている。

・　通報相談窓口への連絡は、法令違反や社内規定違反に限らず、相談レベルのものであってもぜひ活用するように、ハードルを上げないようにして社内に周知している。外部の通報相談窓口を設置するだけでは活用されないため、全従業員に携行カードと詳細版の案内冊子を配布している。

・　企業倫理に関する社内指針を進歩させるための活動として、年10回のグループ活動を行っている。グループ活動では、役員、従業員のほか、非正規従業員や派遣社員も含めて全員が参加し、立場を超えてグループとなり、全社統一のテーマでミーティングを行うこととしている。職場でのコミュニケーションの円滑化、コンプライアンスマインドの醸成を図る場として継続して実施している。

・　過去の不祥事を風化させないための活動として、年2回、うち1回は再発防止に向けた様々なテーマでの活動、もう1回は前向きなテーマとして、社会課題解決に向けてというテーマで講演会などを実施しており、企業倫理を「自分事」として考えるための機会としている。

（3）アンケートの実施

　　倫理審査会では、倫理保持のための施策の企画等に活用するため、毎年、各種アンケートを実施している。令和5年度に実施したアンケート結果の概略は、次のとおりである。

・市民アンケート

　　国民各層から年齢・性別・地域等を考慮して抽出した1,000人を対象に令和5年8月に実施（Web調査）

・職員アンケート

　　一般職の国家公務員のうち、本府省、地方機関の別、役職段階等を考慮して抽出した2,500人を対象に令和5年8月から9月にかけて実施（原則Web調査とし、同調査による回答が困難な者に限りExcel又は紙媒体調査。回答数2,275人）

ア　国家公務員の倫理感についての印象（市民アンケート）［図1-1］

　　市民アンケートにおける「国家公務員の倫理感の印象」を問う設問の回答結果について、直近3年間を見ると、「倫理感が高い」又は「全体として倫理感が高いが、一部に低い者もいる」と回答した割合は平均55%強であり、その増減幅は±8.6ポイントであった。「全体として倫理感が低いが、一部に高い者もいる」又は「倫理感が低い」と回答した割合は平均10%強であり、その増減幅は±4.5ポイントであった。いずれも特段、顕著な変化は見られなかった。

図1-1　一般職の国家公務員の倫理感について、現在、どのような印象をお持ちですか。

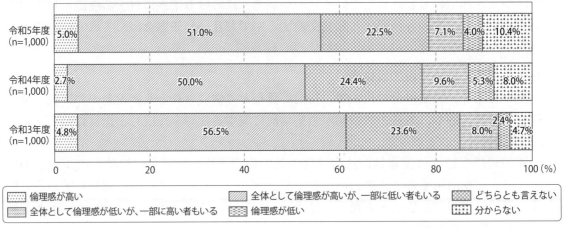

（注）1　n：有効回答者数（以下同じ）
　　　2　数値は端数処理の関係で合致しない場合がある（以下同じ）。

イ　所属する組織の倫理感についての印象（職員アンケート）［図1-2］

　　職員アンケートにおける「所属する組織の倫理感の印象」を問う設問の回答結果について、直近3年間を見ると、「倫理感が高い」又は「どちらかと言えば倫理感が高い」と回答した割合は平均80%強であり、その増減幅は±3.1ポイントであった。「どちらかと言えば倫理感が低い」又は「倫理感が低い」と回答した割合は平均3%弱であり、その増減幅は±0.5ポイントであった。いずれも特段、顕著な変化は見られなかった。

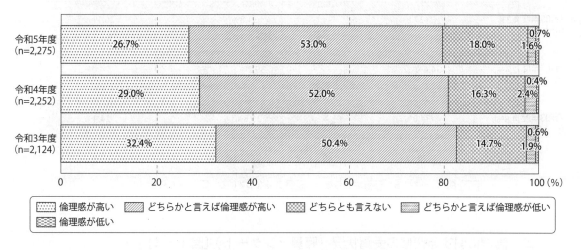

図1-2　あなたの所属府省等における組織の倫理感について、現在、どのような印象をお持ちですか。

令和5年度（n=2,275）：26.7%　53.0%　18.0%　1.6%　0.7%
令和4年度（n=2,252）：29.0%　52.0%　16.3%　2.4%　0.4%
令和3年度（n=2,124）：32.4%　50.4%　14.7%　1.9%　0.6%

凡例：倫理感が高い／どちらかと言えば倫理感が高い／どちらとも言えない／どちらかと言えば倫理感が低い／倫理感が低い

ウ　近年の一般職の国家公務員の職務に係る倫理の保持の状況についての印象（市民アンケート）[図1-3]

　　市民アンケートにおける「近年の一般職の国家公務員の職務に係る倫理の保持の状況」を問う設問の回答結果について、直近3年間を見ると、一般職員については「良くなっている」と回答した割合は平均6%強であり、その増減幅は±5.2ポイントであった。「変わらない」と回答した割合は平均45%弱であり、その増減幅は±6.5ポイントであった。いずれも特段、顕著な変化は見られなかった。「悪くなっている」と回答した割合は平均25%強であり、増減幅は±13.2ポイントであったが、令和5年度は昨年度と比較し、その割合が8ポイント減少している。幹部職員については「良くなっている」と回答した割合は平均4%弱であり、その増減幅は±2.4ポイントであった。「変わらない」と回答した割合は平均35%強であり、その増減幅は±3.8ポイントであった。「悪くなっている」と回答した割合は平均35%強であり、増減幅は±7.4ポイントであった。いずれも特段、顕著な変化は見られなかった。

図1-3　近年の一般職の国家公務員の職務に係る倫理の保持の状況をどのように思いますか。

○一般職員について

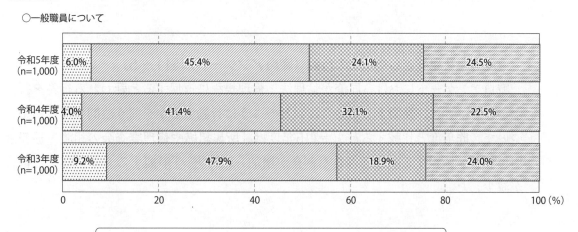

令和5年度（n=1,000）：6.0%　45.4%　24.1%　24.5%
令和4年度（n=1,000）：4.0%　41.4%　32.1%　22.5%
令和3年度（n=1,000）：9.2%　47.9%　18.9%　24.0%

凡例：良くなっている／変わらない／悪くなっている／分からない

第2編　国家公務員倫理審査会の業務

○幹部職員について

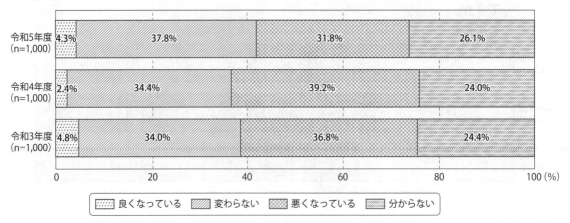

エ　倫理に関する研修の受講状況（職員アンケート）［図1-4］

　　職員アンケートにおける公務員倫理に関する研修等に最後に参加してからどのくらいの期間が経過しているかを問う設問の回答結果について、直近3年間を見ると、「1年未満」と回答した割合が平均80％以上（令和5年度は92.1％）であり、ほとんどの職員が毎年定期的に研修を受講している状況にある。

図1-4　公務員倫理に関する研修等に最後に参加してからどのくらいの期間が経過していますか。

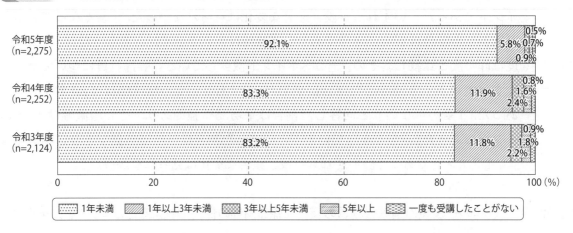

オ　違反行為を見聞きした場合の行動（職員アンケート）［図1-5］

　　職員アンケートにおける同僚が倫理法・倫理規程に違反すると疑われる行為を行ったことを、もし、見聞きした場合に、どのように行動するかを問う設問の回答結果について、昨年度と比較すると、令和5年度は「所属組織や倫理審査会の相談・通報窓口に相談・通報する」と回答した割合が増加した一方、「静観する」と回答した割合が減少した。

図1-5 あなたの同僚が倫理法・倫理規程に違反すると疑われる行為を行ったことを、もし、あなたが見聞きした場合に、どのように行動しますか。

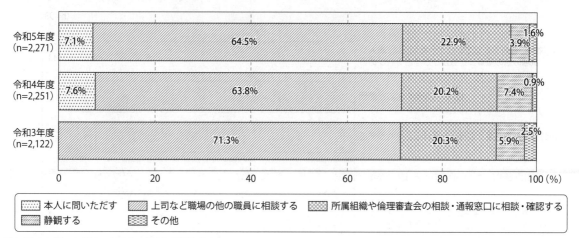

凡例:
- 本人に問いただす
- 上司など職場の他の職員に相談する
- 所属組織や倫理審査会の相談・通報窓口に相談・確認する
- 静観する
- その他

(注)「本人に問いただす」は令和4年度に新設したもの。

カ 違反行為を見聞きした場合に静観する理由（職員アンケート）[図1-6]、[図1-7]

　オの設問に対し「静観する」と回答した者に対し、「上司など職場の他の職員に相談する」又は「所属組織や倫理審査会の相談・通報窓口に相談・確認する」を選択しなかった理由を尋ねたところ、例年同様、いずれも「同僚が違反行為をしていなかった場合に、本人や職場の他の職員に迷惑がかかるおそれがある」を選択した回答者が最も多かった。

図1-6 「上司など職場の他の職員に相談する」を選択しなかった理由（複数回答）

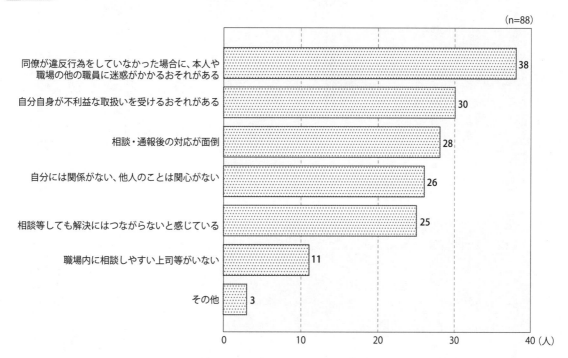

（n=88）

理由	人数
同僚が違反行為をしていなかった場合に、本人や職場の他の職員に迷惑がかかるおそれがある	38
自分自身が不利益な取扱いを受けるおそれがある	30
相談・通報後の対応が面倒	28
自分には関係がない、他人のことは関心がない	26
相談等しても解決にはつながらないと感じている	25
職場内に相談しやすい上司等がいない	11
その他	3

図1-7　「所属組織や倫理審査会の相談・通報窓口に相談・確認する」を選択しなかった理由（複数回答）

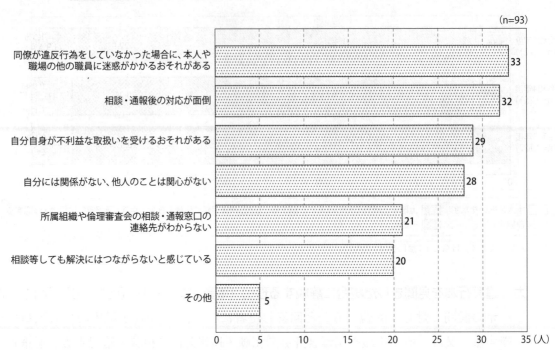

(n=93)

理由	人数
同僚が違反行為をしていなかった場合に、本人や職場の他の職員に迷惑がかかるおそれがある	33
相談・通報後の対応が面倒	32
自分自身が不利益な取扱いを受けるおそれがある	29
自分には関係がない、他人のことは関心がない	28
所属組織や倫理審査会の相談・通報窓口の連絡先がわからない	21
相談等しても解決にはつながらないと感じている	20
その他	5

第2章　倫理法に基づく報告制度の状況

1　報告制度の概要

倫理法では、国家公務員と事業者等との関係の透明性を確保するため、3種類の報告制度を定めている。各報告制度の概要は、次のとおりである。

（1）贈与等の報告及びその閲覧制度

ア　本省課長補佐級以上の職員は、事業者等から1件につき5千円を超える贈与等を受けたときは、四半期ごとに贈与等報告書を、当該四半期の翌四半期の初日から14日以内に、各省各庁の長等に提出しなければならない（倫理法第6条）。

各省各庁の長等は、このうち指定職以上の職員に係る贈与等報告書の写しを倫理審査会に送付しなければならない。

イ　また、事業者等との間の透明性の確保を通じて不適切な贈与等の防止を図る観点から、贈与等の報告には閲覧制度が設けられており、何人も、1件につき2万円を超える贈与等報告書の閲覧を請求できることとされている（倫理法第9条第2項）。

（2）株取引等の報告

本省審議官級以上の職員は、前年において行った株券等の取得又は譲渡について、株取引等報告書を毎年3月1日から同月31日までの間に各省各庁の長等に提出しなければならない（倫理法第7条）。

各省各庁の長等は、その写しを倫理審査会に送付しなければならない。

（3）所得等の報告

本省審議官級以上の職員は、前年分の所得等について、所得等報告書を毎年3月1日から同月31日までの間に各省各庁の長等に提出しなければならない（倫理法第8条）。

各省各庁の長等は、その写しを倫理審査会に送付しなければならない。

2　各種報告書の提出状況等

（1）贈与等報告書の提出状況

指定職以上の職員に係る贈与等報告書の提出件数（平成30～令和4年度）は、表2－1のとおりである。

表2-1　贈与等報告書の提出状況（平成30～令和4年度）

区分 / 年度	金銭、物品等の供与 （件）	（%）	飲食の提供等 （件）	（%）	報酬 （件）	（%）	合計 （件）
平成30年度	65	1.9	2,897	82.4	552	15.7	3,514
令和元年度	105	3.0	2,857	82.3	509	14.7	3,471
令和2年度	111	16.2	146	21.3	429	62.5	686
令和3年度	115	13.2	160	18.3	598	68.5	873
令和4年度	202	9.9	1,345	66.2	486	23.9	2,033

（注）1　令和5年4月～12月における提出状況は2,589件（前年同期1,183件、以下同じ。）で、その内訳は、「金銭、物品等の供与」関係が144件（164件）、「飲食の提供等」関係が2,093件（664件）、「報酬」関係が352件（355件）となっている。
　　　2　令和4年度各府省等別内訳については、補足資料参照。

「金銭、物品等の供与」関係の主な贈与品は、食料品・飲料、チケット及び記念品であり、「飲食の提供等」関係の主な提供者は、財団・社団法人等、外国政府・国際機関及び民間企業であり、「報酬」関係の主なものは、原稿料、印税及び講演に対する報酬であった。

指定職以上の職員に係る令和4年度の提出人数は638人となっている。倫理審査会が、この指定職以上の職員に係る贈与等報告書の写しについて、特定の事業者等から繰り返し飲食の提供、贈与等を受けるなど、国民の疑惑や不信を招くようなものがないかなどの観点から審査を行った結果、倫理法等に違反するものが1件あった（当該違反行為の態様等に照らし懲戒処分は行われなかった。）。

（2）株取引等報告書の提出状況

本省審議官級以上の職員に係る株取引等報告書の提出件数（平成30～令和4年）は、表2－2のとおりである。

表2-2　株取引等報告書の提出件数とその態様（平成30～令和4年）

区分 年（暦年）	提出件数（件）	態様別取引回数（取得及び譲渡）			
		市場を通じた売買等（回）	相続・贈与（回）	交換・分割（回）	総取引回数（回）
平成30年	53	896（0）	20（1）	3（0）	919（1）
令和元年	48	664（1）	25（2）	7（0）	696（3）
令和2年	94	1,020（1）	29（1）	56（0）	1,105（2）
令和3年	107	1,115（4）	68（4）	46（0）	1,229（8）
令和4年	100	950（2）	41（2）	47（0）	1,038（4）

（注）（　）内は、未公開株の取引回数を内数で示す。

倫理審査会では、令和4年の株取引等報告書の写しについて、職務と関係のある事業者等からの不適切な株券等の贈与など、国民の疑惑や不信を招くような取引等が行われていないかなどの観点から審査を行ったが、倫理法等に違反するものはなかった。

（3）所得等報告書の提出状況

本省審議官級以上の職員に係る所得等報告書の提出件数（平成30～令和4年）は、表2－3のとおりである。

表2-3　所得等報告書の提出件数とその内訳（平成30～令和4年）

区分 年（暦年）	提出件数（件）	給与所得のみ		給与所得以外の所得あり	
		件数（件）	構成割合（%）	件数（件）	構成割合（%）
平成30年	1,370	967	70.6	403	29.4
令和元年	1,354	1,019	75.3	335	24.7
令和2年	1,399	1,056	75.5	343	24.5
令和3年	1,426	962	67.5	464	32.5
令和4年	1,485	1,031	69.4	454	30.6

倫理審査会では、令和4年の所得等報告書の写しについて、職務と関係のある事業者等からの不適切な贈与、報酬など国民の疑惑や不信を招くような所得等がないかなどの観点から審査を行ったが、倫理法等に違反するものはなかった。

第3章 ## 倫理法等違反への厳正かつ迅速な対応

1　調査及び懲戒手続の概要

　倫理法等に違反する行為に関する調査及び懲戒は、国公法における一般服務義務違反の場合と同様に、一義的には任命権者が行うこととされているが、厳正かつ公正な事実の確認及び措置が行われるよう、また、府省間での均衡を著しく欠いた対応とならないよう、倫理法において、倫理審査会の一定の関与の下にその手続が行われる旨の定めがなされている。また、規則22－1（倫理法又は同法に基づく命令に違反した場合の懲戒処分の基準）において倫理法等に違反した場合に係る懲戒処分の基準が、規則22－2（倫理法又は同法に基づく命令の違反に係る調査及び懲戒の手続）において倫理法等違反に係る調査及び懲戒の手続の細目が、それぞれ定められている。

　任命権者が職員に倫理法等に違反する疑いがあるとの情報を得た場合には、任命権者により必要な事実確認等が行われるとともに、倫理法等に違反する行為を行った疑いがあると思料するときは倫理審査会に端緒報告がなされ、任命権者による調査が実施される。倫理審査会では、必要に応じ、任命権者と共同して調査を実施するほか、特に必要があると認めるときは、自ら単独で調査を実施できることとなっている。

　調査の結果、職員に倫理法等に違反する行為があることを理由として任命権者が懲戒処分を行おうとする場合は、あらかじめ倫理審査会の承認を得なければならないこととされており、倫理審査会は、違反行為の内容を厳正に審査し、任命権者が行おうとする処分案が適正かどうかを判断している。なお、倫理審査会が自ら単独で調査を実施したときは、倫理審査会が自ら懲戒処分を行うことができることとされている。

　また、倫理審査会では、倫理法等違反に関する情報を公務員倫理ホットラインなどを通じて、電子メール、投書等で得るほか、新聞報道等によっても得ており、これらの情報を得たときは、任命権者に依頼し、必要な事実確認等が行われることとなる。

2　倫理法等に違反する疑いがある行為に係る調査及び懲戒の状況

（1）調査及び懲戒処分等の件数

　令和5年度に倫理法等に違反する疑いのある行為に関し新たに調査が開始された事案は11件であり、前年度から継続して調査が行われた事案はなかった。これらのうち、倫理法等に違反する行為があることを理由として懲戒処分が行われたものは5件で合計5人（免職2人、戒告3人）であった（後掲（2）参照）。また、各府省の内規による訓告・厳重注意等の措置（以下「矯正措置」という。）が講じられたものは8件で合計12人であった（1件の事案の中で複数の職員が違反行為を行い、懲戒処分、矯正措置の両方が行われたものは2件あり、懲戒処分件数及び矯正措置件数のそれぞれに計上している。）。なお、令和5年度の調査が令和6年度に継続された事案はない。

　これらを前年度（令和4年度）と比べると、新たに開始された調査件数は2件増加し、処分等件数は4件増加した（表3－1）。

表3-1　調査及び懲戒処分等の件数等の推移

（単位：件、人）

項目 ＼ 年度	令和元年度	令和2年度	令和3年度	令和4年度	令和5年度	累計（平成12～令和5年度）
調査開始事案数（件）	14 〈1〉	11 〈0〉	15 〈2〉	9 〈2〉	11 〈0〉	446
処分等件数（人数）	14 (174)	9 (29)	13 (46)	7 (16)	11 (17)	420 (1,554)
懲戒処分件数（人数）	6 (10)	7 (20)	11 (20)	3 (9)	5 (5)	254 (585)
免職	1 (1)	0 (0)	3 (3)	0 (0)	2 (2)	73 (90)
停職	1 (1)	2 (2)	3 (3)	0 (0)	0 (0)	50 (61)
減給	1 (1)	3 (11)	5 (10)	2 (7)	0 (0)	72 (154)
戒告	4 (7)	5 (7)	0 (4)	1 (2)	3 (3)	111 (280)
矯正措置件数（人数）	11 (164)	5 (9)	4 (26)	6 (7)	8 (12)	235 (969)

（注）1 〈　〉は前年度からの継続事案数（外数）を表す。
　　　2 1事案につき懲戒処分を受けた職員と矯正措置が講じられた職員の両方がいる場合はそれぞれに件数を計上しているため、懲戒処分の件数と矯正措置の件数との合計は、処分等件数と一致しない。
　　　3 1事案につき異なる種類の懲戒処分を受けた職員がいる場合はそれぞれの種類ごとに件数を計上しているため、内訳（免職等）の件数の合計は、懲戒処分件数と一致しない。
　　　4 1事案につき調査結果報告が複数回行われた場合には、処分等件数は、最初に調査結果報告が行われた年度のみに計上し、処分等人数は、それぞれの処分等に係る調査結果報告が行われた年度に計上している。

（2）倫理法等違反事案の概要

　令和5年度において、倫理法等に違反する行為があることを理由として懲戒処分が行われた事案の概要及び処分内容は表3－2のとおりである。

表3-2　令和5年度における倫理法等違反により懲戒処分が行われた事案の概要等

番号	違反行為	処分内容	事案の概要
1	利害関係者から物品の贈与を受け、飲食の供応接待を受けた事案（倫理規程第3条第1項第1号、第6号違反）	戒告（1人）	国土交通省の職員1人が、許認可等の相手方として利害関係がある事業者から飲食の供応接待を1回（11,085円）受け、物品の贈与を1回（1,080円）受けたもの。
2	利害関係者から無償で役務の提供を受けた事案（倫理規程第3条第1項第4号違反）	戒告（1人）	国土交通省の地方支分部局の職員1人が、契約の相手方として利害関係がある事業者に依頼し、エアコン機器の調達、設置の手配を無償で行わせるとともに、同事業者の自動車に同乗（約23km）して無償で役務の提供を受けたもの。なお、他の国公法違反行為も併せて懲戒処分が行われた。
3	利害関係者から物品の贈与を受け、飲食の供応接待を受けた事案（倫理規程第3条第1項第1号、第6号違反）	免職（1人）	法務省の施設等機関の職員1人が、契約の相手方として利害関係がある事業者から、便宜な取り計らいを受けた謝礼等の趣旨の下に供与されるものであることを知りながら、飲食の接待を7回（合計166,782円相当）受け、物品の贈与を1回（10,873円）受けたもの。なお、他の国公法違反行為も併せて懲戒処分が行われた（職員は公契約関係競売入札妨害等の容疑で逮捕・起訴され、有罪判決を受けている。）。
4	利害関係者から金銭の貸付けを受けた事案（倫理規程第3条第1項第2号違反）	免職（1人）	法務省の施設等機関の職員1人が、不利益処分及び行政指導の相手方として利害関係がある者から、職務上不正な行為をしたことに対する謝礼及び今後も同様の取り計らいを受けたいとの趣旨の下に供与されるものであることを知りながら、同者の知人を介し、金銭の貸付けを3回（合計16万円）受けたもの（職員は加重収賄の容疑で逮捕・起訴されている。）。
5	利害関係者から金銭の貸付けを受けた事案（倫理規程第3条第1項第2号違反）	戒告（1人）	環境省の地方支分部局の職員1人が、契約の相手方として利害関係がある事業者から金銭の貸付けを1回（20万円）受けたもの。

　また、倫理法等に違反する行為の態様等に照らし、矯正措置が講じられた事案は、8件で合計12人であり、これらの違反行為は、次のとおりである。

・　利害関係者から無償で役務の提供を受け、飲食の供応接待を受け、倫理監督官に届け出ずに自己の飲食に要する費用が1万円を超えて共に飲食し、贈与等報告書を提出しなかった事案（倫理法第6条第1項、倫理規程第3条第1項第4号、第6号、第8条違反）1件1人

・　利害関係者から物品の贈与を受けた事案（倫理規程第3条第1項第1号違反）3件3人

・　利害関係者から無償で役務の提供を受けた事案（倫理規程第3条第1項第4号違反）2件2人

・　利害関係者から物品の贈与を受け又は他の職員が倫理規程に違反する行為によって得た財産上の利益であることを知りながら当該利益を受け取った事案（倫理規程第3条第1項第1号、第7条第1項違反）2件6人

第2編

国家公務員倫理審査会の業務

第2編　補足資料

指定職以上の職員に係る贈与等報告書の提出件数 （令和4年度　各府省等別内訳）

（単位：件）（単位：人）

態様／府省等	金銭、物品等の供与	うち2万円超	飲食の提供等	うち2万円超	うち立食パーティー	報酬	うち2万円超	合計	うち2万円超	【参考】在職者数（常勤）
会計検査院	1		12		12	1		14		1,116
人事院			1					1		571
内閣官房	2	1	15		4	5	3	22	4	1,218
内閣法制局			3			1	1	4	1	73
内閣府	1	1	20	1	11	28	13	49	15	2,393
公正取引委員会	8					4	3	12	3	777
国家公安委員会	3		2	1	1	2	1	7	2	8,243
警察庁	1		8	1	3	12	9	21	10	
金融庁	1		76	24	61			77	24	1,535
消費者庁	1		3	1	3			4	1	367
デジタル庁			4		3	3	1	7	1	398
復興庁	1		2	1	1			3	1	195
総務省	7		35	4	27	16	12	58	16	4,240
消防庁			1		1	5	4	6	4	170
法務省	32	1	60		34	267	155	359	156	43,201
出入国在留管理庁	19		2			1	1	22	1	5,957
公安調査庁						2	2	2	2	1,572
外務省	50	9	148	26	11	13	5	211	40	6,332
財務省	5	2	61	4	35	12	2	78	8	15,808
国税庁			20	1	17			20	1	54,919
文部科学省	8		27	9	6	16	6	51	15	1,724
スポーツ庁	12	2	11	4	5	6	6	29	12	109
文化庁			3	3	1	17	15	20	18	282
厚生労働省			32	2	22	65	36	97	38	32,132
中央労働委員会	2		4		4			6		93
農林水産省	15	2	141	25	90	2	2	158	29	13,362
林野庁			29	2	17			29	2	4,361
水産庁	1		14	2	8			15	2	919
経済産業省	5	1	103	15	54	1	1	109	17	4,352
特許庁			3		3	1	1	4	1	2,674
中小企業庁	1		4	1	3			5	1	187
国土交通省	17		411	31	338	5	3	433	34	37,860
観光庁	6	1	29	3	28	1	1	36	5	200
気象庁			1		1			1		4,443
運輸安全委員会			6		5			6	1	168
海上保安庁	2	2	26	2	17			28	4	13,403
環境省	1		28		16			29		1,980
合計	202	22	1,345	164	842	486	283	2,033	469	

（注）1　報酬とは、原稿料、講演料等である。
　　　2　報告書の提出のない府省等は省略した。
　　　3　在職者数については、内閣官房内閣人事局「一般職国家公務員在職状況統計表」（令和4年7月1日現在）による。

参考資料

❶ 令和5年度制定・改廃の人事院規則

公布日	規則番号	内　　　　　容
令和5年		
4. 10	2- 1- 1	2-1 （人事院会議及びその手続）の一部改正
5. 1	9- 55-145	9-55 （特地勤務手当等）の一部改正
5. 8	9-129- 6	9-129（東日本大震災及び東日本大震災以外の特定大規模災害等並びに新型コロナウイルス感染症及び特定新型インフルエンザ等に対処するための人事院規則9–30　（特殊勤務手当）の特例）の一部改正
6. 30	9- 17-169	9-17 （俸給の特別調整額）の一部改正
6. 30	9- 55-146	9-55 （特地勤務手当等）の一部改正
7. 11	17- 0-143	17-0 （管理職員等の範囲）の一部改正
8. 1	9- 55-147	9-55 （特地勤務手当等）の一部改正
9. 29	9-123- 42	9-123 （本府省業務調整手当）の一部改正
10. 3	17- 0-144	17-0 （管理職員等の範囲）の一部改正
11. 24	9- 1- 25	9-1 （非常勤職員の給与）の一部改正
11. 24	9- 8- 92	9-8 （初任給、昇格、昇給等の基準）の一部改正
11. 24	9- 34- 32	9-34 （初任給調整手当）の一部改正
11. 24	9- 40- 61	9-40 （期末手当及び勤勉手当）の一部改正
11. 24	9-150	9-150（令和5年改正法附則第2条の規定による最高の号俸を超える俸給月額を受ける特定任期付職員の俸給月額の切替え）の制定
11. 30	8- 18- 35	8-18 （採用試験）の一部改正
12. 1	15- 14- 42	15-14 （職員の勤務時間、休日及び休暇）の一部改正
12. 1	15- 15- 20	15-15 （非常勤職員の勤務時間及び休暇）の一部改正
12. 15	1- 38- 4	1-38 （人事院関係法令に基づく行政手続等における情報通信技術の活用）の一部改正
12. 20	1- 34- 11	1-34 （人事管理文書の保存期間）の一部改正
12. 20	17- 0-145	17-0 （管理職員等の範囲）の一部改正
令和6年		
1. 23	9- 24- 20	9-24 （通勤手当）の一部改正
1. 23	9-151	9-151 （在宅勤務等手当）の制定
2. 15	9- 30-108	9-30 （特殊勤務手当）の一部改正
3. 29	1- 5- 22	1-5 （特別職）の一部改正
3. 29	1- 82	1-82 （一般職の職員の給与に関する法律等の一部を改正する法律の一部の施行に伴う関係人事院規則の整備等に関する人事院規則）の制定
3. 29	2- 3- 41	2-3 （人事院事務総局等の組織）の一部改正
3. 29	2- 14- 17	2-14 （人事院の職員の定員）の一部改正
3. 29	11- 8- 53	11-8 （職員の定年）の一部改正
3. 29	11- 11- 3	11-11 （管理監督職勤務上限年齢による降任等）の一部改正
3. 29	16- 0- 75	16-0 （職員の災害補償）の一部改正
3. 29	16- 3- 49	16-3 （災害を受けた職員の福祉事業）の一部改正

② 令和5年度人事院予算額

（単位：千円）

事項	予算額	（参考）令和4年度
人件費	6,721,038	6,597,538
一般事務処理に必要な経費	843,728 (244,614)	796,457 (162,708)
人事行政に対する国民の理解促進に必要な経費	168,961	13,647
勤務条件の改善に必要な経費	106,229	43,885
任用に必要な経費	469,677 (91,072)	421,038 (94,398)
研修に必要な経費	472,047 (15,330)	457,214 (16,492)
給与制度の運営に必要な経費	28,272 (250)	47,253 (250)
苦情処理に必要な経費	10,060	10,136
国家公務員倫理審査会に必要な経費	17,888	18,663
計	8,837,900 (351,266)	8,405,831 (273,848)

（注）1　補正後のものである。
　　　2　（　）内は、デジタル庁において一括計上されている政府情報システム経費を外数で示したものである。

③ 人事院の機構図（令和6年3月31日現在）

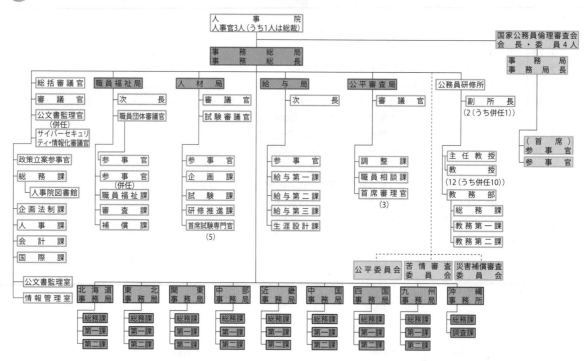

4 給与法適用職員、任期付職員、任期付研究員俸給表別在職者数（令和5年1月15日現在）

（令和4年度一般職の国家公務員の任用状況調査）

（単位：人）

俸給表名	職務の級 1	2	3	4	5	6	7	8	9	10	11	計
行政職俸給表（一）	22,078	19,534	30,821	33,909	21,946	18,222	4,401	2,401	1,561	295		155,168
行政職俸給表（二）	76	967	1,042	324	51							2,460
専門行政職俸給表	1,634	1,390	2,492	1,597	707	220	55	3				8,098
税務職俸給表	8,580	5,413	7,765	7,226	11,072	11,774	1,666	503	122			54,121
公安職俸給表（一）	5,815	6,890	4,408	2,975	1,284	1,018	619	325	500	161	7	24,002
公安職俸給表（二）	4,625	4,151	6,142	5,082	1,824	1,641	690	320	99	3		24,577
海事職俸給表（一）	4	66	47	53	25	23	2					220
海事職俸給表（二）	41	131	78	76	57	11						394
教育職俸給表（一）	17	26	36	27	1							107
教育職俸給表（二）		72	1									73
研究職俸給表	13	290	326	431	453							1,513
医療職俸給表（一）	95	317	246	53	4							715
医療職俸給表（二）	11	264	173	76	23	2	1					550
医療職俸給表（三）	54	1,652	201	82	14	4						2,007
福祉職俸給表	64	85	37	61	19	1						267
専門スタッフ職俸給表	18	134	106	16								274
指定職俸給表												1,015
給与法適用職員												275,561
任期付職員												2,152
任期付研究員												197
											合計	277,910

参考資料

5 一般職国家公務員府省別在職者数（令和5年1月15日現在）

（令和4年度一般職の国家公務員の任用状況調査）

（単位：人）

府省名	在職者数		府省名	在職者数	
会 計 検 査 院	1,212	(363)	財 務 省	16,441	(4,038)
人 事 院	597	(202)	国 税 庁	56,071	(14,280)
内 閣	1,266	(253)	文 部 科 学 省	1,794	(545)
内 閣 法 制 局	75	(19)	ス ポ ー ツ 庁	115	(33)
内 閣 府	2,498	(585)	文 化 庁	304	(90)
宮 内 庁	993	(222)	厚 生 労 働 省	32,180	(10,670)
公 正 取 引 委 員 会	803	(214)	中 央 労 働 委 員 会	98	(28)
警 察 庁	8,462	(1,040)	農 林 水 産 省	13,842	(3,158)
個人情報保護委員会	167	(46)	林 野 庁	4,599	(712)
カ ジ ノ 管 理 委 員 会	140	(26)	水 産 庁	967	(158)
金 融 庁	1,554	(380)	経 済 産 業 省	4,550	(1,374)
消 費 者 庁	356	(129)	資源エネルギー庁	435	(95)
デ ジ タ ル 庁	365	(53)	特 許 庁	2,784	(656)
復 興 庁	195	(29)	中 小 企 業 庁	195	(31)
総 務 省	4,524	(1,173)	国 土 交 通 省	39,007	(6,228)
公 害 等 調 整 委 員 会	33	(9)	観 光 庁	210	(58)
消 防 庁	174	(20)	気 象 庁	4,938	(552)
法 務 省	44,039	(9,825)	運 輸 安 全 委 員 会	169	(14)
出 入 国 在 留 管 理 庁	6,050	(1,988)	海 上 保 安 庁	14,504	(1,364)
公 安 審 査 委 員 会	4	(—)	環 境 省	2,088	(466)
公 安 調 査 庁	1,700	(333)	原 子 力 規 制 委 員 会	1,019	(166)
外 務 省	6,369	(2,199)	防 衛 省	24	(4)
			計	277,910	(63,828)

検 察 官	2,828	(603)	行 政 執 行 法 人 職 員	7,017	(2,046)

			合 計	287,755	(66,477)

（注）1 （ ）内は、女性を内数で示す。
　　　2 在職者数は、任期付職員及び任期付研究員を含む。

6 特別職国家公務員及び地方公務員等に関する公務員制度関係法制

（1）特別職国家公務員に関する法制

　　　特別職国家公務員については、国公法を適用しないこととされており、主な適用法制は
おおむね次の表のとおりとなっている。

	任　用	給　与	分　限	懲　戒	服　務
内 閣 総 理 大 臣	日本国憲法	特別職給与法（注1）	日本国憲法		
国 務 大 臣	同　上	同　上	同　上		
人 事 官	国公法	同　上	国公法	国公法	国公法
検 査 官	会計検査院法	同　上	会計検査院法	会計検査院法	会計検査院法
内 閣 法 制 局 長 官	内閣法制局設置法	同　上			
内 閣 官 房 副 長 官		同　上			
内 閣 危 機 管 理 監	内閣法	同　上			内閣法 （国公法一部準用）
国 家 安 全 保 障 局 長	同　上	同　上			同　上
内 閣 官 房 副 長 官 補	同　上	同　上			同　上
内 閣 広 報 官	同　上	同　上			同　上
内 閣 情 報 官	同　上	同　上			同　上
内 閣 総 理 大 臣 補 佐 官	同　上	同　上			同　上
副 大 臣	国家行政組織法	同　上	国家行政組織法		
大 臣 政 務 官	同　上	同　上	同　上		
大 臣 補 佐 官	同　上	同　上			国家行政組織法 （国公法一部準用）
デ ジ タ ル 監	デジタル庁設置法	同　上			デジタル庁設置法 （国公法一部準用）
秘 書 官		同　上			
特別職の宮内庁職員		同　上			
特命全権大使・公使	外務公務員法	同上、 外務公務員給与法（注2）	外務公務員法		外務公務員法 （国公法一部準用）
裁 判 官	日本国憲法、 裁判所法	裁判官の報酬等に 関する法律	日本国憲法、 裁判所法、 裁判官分限法	日本国憲法、 裁判官弾劾法、 裁判官分限法	裁判所法
その他の裁判所職員	裁判所職員 臨時措置法 （国公法一部準用）	裁判所職員 臨時措置法 （給与法等一部準用）	裁判所職員 臨時措置法 （国公法一部準用）	裁判所職員 臨時措置法 （国公法準用）	裁判所職員 臨時措置法 （国公法準用）
国 会 職 員	国会職員法	国会職員法	国会職員法	国会職員法	国会職員法
防 衛 省 職 員	自衛隊法	防衛省職員給与法（注3）	自衛隊法	自衛隊法	自衛隊法
行政執行法人の役員	独立行政法人通則法	独立行政法人通則法	独立行政法人通則法	独立行政法人通則法	独立行政法人通則法

（注1）：特別職の職員の給与に関する法律
（注2）：在外公館の名称及び位置並びに在外公館に勤務する外務公務員の給与に関する法律
（注3）：防衛省の職員の給与等に関する法律

（2）地方公務員に関する法制

　　一般職地方公務員については、国の法令で定められるもののほか、給与、勤務時間等については各地方公共団体において条例で整備されている。一般職国家公務員の法制との比較を行えばおおむね次の表のとおりとなる。

		法令名	一般職国家公務員の法制
1 基 本 法		地方公務員法	国公法
2 関 係 法 律		地方公務員法（労働基準法）	給与法
		（労働基準法）	勤務時間法
		地方公務員災害補償法	補償法
		外国の地方公共団体の機関等に派遣される一般職の地方公務員の処遇等に関する法律	派遣法
		公益的法人等への一般職の地方公務員の派遣等に関する法律	
			法科大学院派遣法
		地方公務員の育児休業等に関する法律	育児休業法
		（地方公務員法）	自己啓発等休業法
		（地方公務員法）	配偶者同行休業法
		法人格法	同左
			倫理法
			官民人事交流法
		地方公共団体の一般職の任期付職員の採用に関する法律	任期付職員法
			留学費用償還法
			国家公務員宿舎法
			寒冷地手当法 (注1)
			旅費法 (注2)
			国家公務員退職手当法
		地方公務員等共済組合法	国家公務員共済組合法
3 特 例 法	教育公務員	教育公務員特例法	（研究施設研究教育職員に一部適用あり。）
		高等学校の定時制教育及び通信教育振興法	
		農業、水産、工業又は商船に係る産業教育に従事する公立の高等学校の教員及び実習助手に対する産業教育手当の支給に関する法律	
		公立の義務教育諸学校等の教育職員の給与等に関する特別措置法	（適用対象なし）
		市町村立学校職員給与負担法	※国立大学等の法人化に伴い、国家公務員である教育公務員は平成16年4月1日以降存在しない。
		地方教育行政の組織及び運営に関する法律	
		学校教育の水準の維持向上のための義務教育諸学校の教育職員の人材確保に関する特別措置法	
		公立の大学における外国人教員の任用等に関する特別措置法	
		大学の教員等の任期に関する法律	
		女子教職員の出産に際しての補助教職員の確保に関する法律	
	研究公務員	地方公共団体の一般職の任期付研究員の採用等に関する法律	科学技術・イノベーション創出の活性化に関する法律 任期付研究員法
	現業職員	地方公営企業法 地方公営企業等の労働関係に関する法律	（適用対象なし） ※国有林野事業の一般会計化に伴い、国家公務員である現業職員は平成25年4月1日以降存在しない。

（注1）：国家公務員の寒冷地手当に関する法律
（注2）：国家公務員等の旅費に関する法律

(3) 国公法の適用が一部除外されている主な一般職国家公務員に関する法制

　　一般職国家公務員のうち、行政執行法人の職員等については、その職務と責任の性質に鑑み、国公法の適用が一部除外されている。その主な例と適用法制はおおむね次の表のとおりとなっている。

	行政執行法人の職員				検 察 官			
国公法以外の主な適用法令	独立行政法人通則法 行政執行法人の労働関係に関する法律 労働基準法 労働組合法				検察庁法 検察官の俸給等に関する法律 勤務時間法			
労働基本権	行政執行法人の労働関係に関する法律 労働組合法				国公法			
	団結権	団体交渉権		争議権	団結権	団体交渉権		争議権
			協約締結権				協約締結権	
	○	○	○	×	○	△ （交渉は可能）	×	×
採用試験 ［試験機関］	国公法 ［人事院］				（司法試験法）			
任　　免	国公法				国公法 検察庁法			
給　　与	独立行政法人通則法 労働基準法				検察官の俸給等に関する法律 国公法			
勤務時間	独立行政法人通則法 労働基準法				勤務時間法			
分　　限	国公法				国公法 検察庁法			
服務・懲戒	国公法 倫理法				国公法 倫理法			
災害補償	補償法				補償法			
共　　済	国家公務員共済組合法				国家公務員共済組合法			
退職手当	国家公務員退職手当法				国家公務員退職手当法			
定　　員	－				行政機関の職員の定員に関する法律			

7　人事評価の実施と評価結果の活用サイクル

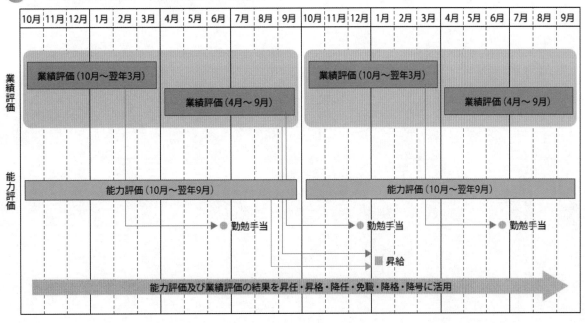

補足資料等総索引

補足資料等総索引

第1編第2部補足資料

第2編　補足資料

補足資料等総索引

【人事行政諮問会議　中間報告　参考資料】

【参考資料】

図表索引

図表索引

○図表一覧

第2編

○キーワード索引

図表索引

公務員白書　　　　（令和6年版）

令和6年6月21日　発行　　　　　　　定価は表紙に表示してあります。

編　集　　　人　事　院
　　　　　　〒100-8913
　　　　　　東京都千代田区霞が関1-2-3
　　　　　　TEL 03（3581）5311

発　行　　　日 経 印 刷 株 式 会 社
　　　　　　〒102-0072
　　　　　　東京都千代田区飯田橋2-15-5
　　　　　　TEL 03（6758）1011

発　売　　　全国官報販売協同組合
　　　　　　〒100-0013
　　　　　　東京都千代田区霞が関1-4-1
　　　　　　TEL 03（5512）7400

落丁・乱丁本はお取り替えします。

ISBN978-4-86579-417-5

政府刊行物販売所一覧

政府刊行物のお求めは、下記の政府刊行物サービス・ステーション（官報販売所）
または、政府刊行物センターをご利用ください。

◎政府刊行物サービス・ステーション（官報販売所）

	〈名称〉	〈電話番号〉	〈FAX番号〉		〈名称〉	〈電話番号〉	〈FAX番号〉
札　幌	北海道官報販売所（北海道官書普及）	011-231-0975	271-0904	名古屋駅前	愛知県第二官報販売所（共同新聞販売）	052-561-3578	571-7450
青　森	青森県官報販売所（成田本店）	017-723-2431	723-2438	津	三重県官報販売所（別所書店）	059-226-0200	253-4478
盛　岡	岩手県官報販売所	019-622-2984	622-2990	大　津	滋賀県官報販売所（澤五車堂）	077-524-2683	525-3789
仙　台	宮城県官報販売所（仙台政府刊行物センター内）	022-261-8320	261-8321	京　都	京都府官報販売所（大垣書店）	075-746-2211	746-2288
秋　田	秋田県官報販売所（石川書店）	018-862-2129	862-2178	大　阪	大阪府官報販売所（かんぽう）	06-6443-2171	6443-2175
山　形	山形県官報販売所（八文字屋）	023-622-2150	622-6736	神　戸	兵庫県官報販売所	078-341-0637	382-1275
福　島	福島県官報販売所（西沢書店）	024-522-0161	522-4139	奈　良	奈良県官報販売所（啓林堂書店）	0742-20-8001	20-8002
水　戸	茨城県官報販売所	029-291-5676	302-3885	和　歌　山	和歌山県官報販売所（宮井平安堂内）	073-431-1331	431-7938
宇都宮	栃木県官報販売所（亀田書店）	028-651-0050	651-0051	鳥　取	鳥取県官報販売所（鳥取今井書店）	0857-51-1950	53-4395
前　橋	群馬県官報販売所（煥乎堂）	027-235-8111	235-9119	松　江	島根県官報販売所（今井書店）	0852-24-2230	27-8191
さいたま	埼玉県官報販売所（須原屋）	048-822-5321	822-5328	岡　山	岡山県官報販売所（有文堂）	086-222-2646	225-7704
千　葉	千葉県官報販売所	043-222-7635	222-6045	広　島	広島県官報販売所	082-962-3590	511-1590
横　浜	神奈川県官報販売所（横浜日経社）	045-681-2661	664-6736	山　口	山口県官報販売所（文栄堂）	083-922-5611	922-5658
東　京	東京都官報販売所（東京官書普及）	03-3292-3701	3292-1604	徳　島	徳島県官報販売所（小山助学館）	088-654-2135	623-3744
新　潟	新潟県官報販売所（北越書館）	025-271-2188	271-1990	高　松	香川県官報販売所	087-851-6055	851-6059
富　山	富山県官報販売所（Booksなかだ掛尾本店）	076-492-1192	492-1195	松　山	愛媛県官報販売所	089-941-7879	941-3969
金　沢	石川県官報販売所（うつのみや）	076-234-8111	234-8131	高　知	高知県官報販売所	088-872-5866	872-6813
福　井	福井県官報販売所（勝木書店）	0776-27-4678	27-3133	福　岡	福岡県官報販売所・福岡県庁内	092-721-4846 092-641-7838	751-0385 641-7838
甲　府	山梨県官報販売所（柳正堂書店）	055-268-2213	268-2214		・福岡市役所内	092-722-4861	722-4861
長　野	長野県官報販売所（長野西沢書店）	026-233-3187	233-3186	佐　賀	佐賀県官報販売所	0952-23-3722	23-3733
岐　阜	岐阜県官報販売所（郁文堂書店）	058-262-9897	262-9895	長　崎	長崎県官報販売所	095-822-1413	822-1749
静　岡	静岡県官報販売所	054-253-2661	255-6311	熊　本	熊本県官報販売所	096-354-5963	352-5665
名古屋	愛知県第一官報販売所	052-961-9011	961-9022	大　分	大分県官報販売所（大分図書）	097-532-4308 097-553-1220	536-3416 551-0711
豊　橋	・豊川堂内	0532-54-6688	54-6691	宮　崎	宮崎県官報販売所（田中書店）	0985-24-0386	22-9056
				鹿　児　島	鹿児島県官報販売所	099-285-0015	285-0017
				那　覇	沖縄県官報販売所（リウボウ）	098-867-1726	869-4831

◎政府刊行物センター（全国官報販売協同組合）

	〈電話番号〉	〈FAX番号〉
霞が関	03-3504-3885	3504-3889
仙　台	022-261-8320	261-8321

各販売所の所在地は、コチラから→ https://www.gov-book.or.jp/portal/shop/